Ute Kaltwasser
Die Kölner in der Römerzeit

Greven Verlag Köln

Die in diesem Buch wiedergegebenen großen und kleinen römischen Denkmäler und Modelle finden sich in den folgenden Museen:
Römisch-Germanisches Museum Köln — S. 12, 13, 14, 32, 34, 36, 37, 39, 42, 43, 48, 49, 53, 60, 61, 65, 66, 69, 71, 77, 79, 84, 92, 95, 99
Rheinisches Landesmuseum Bonn — S. 22/23, 24/25
Rheinisches Landesmuseum Trier — S. 50/51, 59, 74/75
Saalburgmuseum Bad Homburg v. d. H. — S. 33

© Greven Verlag Köln 1977
Graphische Gestaltung: Peter Krolow
Druck: Greven & Bechtold, Köln
Buchbinder: Hunke & Schröder, Iserlohn
Alle Rechte vorbehalten
ISBN 3 7743 0144 1

Kaltwasser · Die Kölner in der Römerzeit

Vorwort

Vom Abenteuer der Archäologie, von den Rätseln der versunkenen Welten zeigen sich jung und alt fasziniert. Da hat Geschichte für viele etwas Handfestes bekommen und bisweilen auch eine Dimension, die unter der Überschrift abgehandelt werden könnte: »Berichte aus einer Welt, aus der noch keiner zurückkam.«

Kein Zweifel, die Welt der Schatten ist gefragt, Ceram, Pörtner und zahlreiche andere Autoren wurden ihre Propheten. Sie haben die Archäologie und die Archäologen für das 20. Jahrhundert populär gemacht. Danach müßten sie schon rechte Wunderkerle sein, die Archäologen.

Sind sie das wirklich? Seitdem sich herumgesprochen hat, daß sie weder vorwiegend nach Gold und Silber graben, noch zielbewußt auf die atemberaubende Schönheit von Kunstwerken aus den »urtümlichen Zeiten« aus sind, sieht man sie nüchterner. Sie gelten vorwiegend als lästige Leute, die bürokratische Planungsprozesse durchkreuzen und den privaten wie öffentlichen Bauherren Ärger bringen. Obendrein sind sie unbeliebt, weil sie das, was sie finden, grundsätzlich für Besitz der Allgemeinheit halten und entsprechend in die archäologischen Museen einbringen.

Auf diese Art ist die Archäologie buchstäblich zu einer Wissenschaft geworden, die aus dem Abfall, den der Mensch hinterließ, die Geschichte von des Menschen Alltäglichkeit schreibt. Es läßt sich aus den Bodenverfärbungen herauslesen, wann ein Mensch an einer bestimmten Stelle ein Haus erbaute, ein Feuer oder eine andere Katastrophe es zerstörten. Ermitteln läßt sich, wann wieder ein anderer Mensch einen Neubau wagte. Erkennbar werden bisweilen auch Änderungen der Herrschaftsstruktur. In den Sachgütern spiegeln sich wie in einem Brennglas ganze Entwicklungsreihen, Fortschritte und Rückschläge. Auf dem Umweg über den Sachbefund ist tatsächlich die Archäologie dem normalen Menschen auf der Spur.

Dieses normale Leben spiegeln in vielen Facettierungen die archäologischen Museen, sofern sie nicht reine Kunstmuseen sind. Das Römisch-Germanische Museum der Stadt Köln ist ein solches kulturgeschichtliches Museum, in dem nach den bei den Ausgrabungen gefundenen Resten ein anschauliches Bild der römischen Stadt Köln entstanden ist. So viel aber auch darin die Reste von dem Leben in dieser Stadt verraten, über gewisse Grundlinien hinaus können auch die schönsten Funde keine Auskunft geben.

Oft wird den Archäologen die Frage gestellt: Wie haben denn nun die Leute wirklich gelebt? Wie reich oder arm sind sie gewesen, wie war der Stand der Medizin, wieviel Geld verdienten sie, kannten sie Pensionen, hatten Künstler damals Freiheit, wurden die Straßen täglich oder nur monatlich gefegt, oder mußte man Wassergeld bezahlen? Das sind Fragen, die Museumsbesucher stellen, ständig. Eine sehr häufige Frage ist auch: Waren die Leute damals glücklich — gemeint ist wohl, ob sie glücklicher waren als wir.

Viele dieser Fragen sind kaum verläßlich, sehr viele überhaupt nicht zu beantworten. Die Archäologie legt Sachbefunde frei, erweckt nicht Menschen zum Leben. Überdies: Freude und Glück hinterlassen im Boden ebensowenig Spuren wie Angst und Verzweiflung. Die Archäologen finden nur noch den Rahmen des alltäglichen Lebens. Ihn muß man sich mit gezügelter Phantasie selber füllen.

Viele vermögen diese gezügelte Phantasie nicht von sich aus aufzubringen. Deshalb war ich auch ausgesprochen erfreut, als mir der »Kölner Stadt-Anzeiger« im Sommer 1976 die Idee vortrug, im Zusammenwirken mit den Historischen Museen der Stadt Köln im Dezember eine Serie über »den Alltag des Menschen im römischen Köln« zu bringen.

Ich fand diesen Gedanken faszinierend: Geschichte einmal so darzustellen, wie sie gewesen sein *könnte*. Genau an diesem Punkt vermag nämlich der Journalist weiter auszugreifen, was dem Wissenschaftler aus Gründen der Sachlichkeit verwehrt bleibt. Um aber nicht dem Ausufern der Phantasie Tor und Tür zu öffnen — seit Joachim Fernau, dessen Bücher zu Bestsellern wurden, eine vor der Tür stehende Gefahr —, sagte ich die Beratung der geplanten Serie durch Wissenschaftler der Historischen Museen zu. Mir war klar, daß hier eine Information der Bevölkerung erreicht werden konnte, die auch dem so publikumswirksam gewordenen Römisch-Germanischen Museum und den anderen Museen der Stadt Köln verschlossen bleiben würde. Die Kollegen Gerd Biegel, M.A., und Dr. Hansgerd Hellenkemper fanden sich bereit, ihre Freizeit zur wissenschaftlichen Beratung des Unternehmens zu opfern, während Ute Kaltwasser, Redakteurin des »Kölner Stadt-Anzeigers«, sich darauf freute, den Alltag des römischen Köln zu beschreiben. Ich muß gestehen, daß ich in den Fragestunden von Frau Kaltwasser unendlich viel über die Interessen des Publikums gelernt habe. Ich gebe gerne zu, diese Fragen werden nicht ohne Wirkung für die zukünftige Arbeit der Historischen Museen der Stadt Köln bleiben.

Deutlich wurde, wie ausgeprägt die Wißbegier des Publikums nach dem Selbstverständlichen ist, ausgeprägter, als wir dies bisher angenommen haben. So haben wir als Fachwissenschaftler und Museumsleute, die den Fragen der Gegenwart gegenüber außerordentlich aufgeschlossen sind, entschieden profitiert und fühlen uns einem Lernprozeß unterworfen.

Eines war allerdings nicht vorauszusehen: der außerordentliche Erfolg der Serie. Um so mehr freue ich mich, wenn nun der Greven Verlag Köln die Artikelfolge in einer überarbeiteten und stark erweiterten Fassung als Buch vorlegt.

Allen an diesem Band Beteiligten gilt mein herzlicher Dank. Auf diese Weise ist ein spannendes Lesebuch zum Alltag des römischen Köln unter der Überschrift: »Wie es gewesen sein *könnte*« entstanden.

Noch ein Zeugnis ist dabei diesem Band mit auf den Weg zu geben: Er unterscheidet sich von manchen Darstellungen über Archäologie und der Beschreibung geschichtlicher Prozesse dadurch, daß er nicht einfach verkürzt wissenschaftliche Ergebnisse nacherzählt, mehr oder weniger richtig, sondern, gestützt auf schriftliche und sachkundige Quellen, zu einer eigenständigen Darstellung des Alltagslebens gelangt.

Prof. Dr. Hugo Borger
Direktor der Historischen Museen
der Stadt Köln

Die Kölner in der Römerzeit

War das ein Durcheinander. Floscus, der Ubier, stöhnte: »Was zu viel ist, ist zu viel. Dauernd gibt es neue Anordnungen und Befehle. Als wären wir nur Handlanger. Nichts machen wir diesen Römern ordentlich genug. Rom ist auch nicht an einem Tag gebaut worden. Warum muß Köln von heute auf morgen schlüsselfertig sein? Da kommt der römische Feldherr Agrippa, ruft seine Bauspezialisten zusammen, so eine Art Gründungsausschuß, und läßt sie planen und reden und messen...«

Tagelang, wochenlang waren römische Militärs damit beschäftigt gewesen, dem ubischen Gemeinderat — alles gestandene Männer — zu erklären, wie denn nun die neue Hauptstadt der Ubier am Rhein aussehen sollte.

Die Römer bewiesen Geduld. Sie erklärten es auch ein viertes und fünftes Mal. Doch die ehrwürdigen Gemeindevertreter der Ubier schüttelten immer wieder bedächtig ihr Haupt. Manchem kamen Zweifel, ob die Römer auch wirklich alles so meinten, wie sie es sagten, ob da nicht doch eine List dahinter steckte. Und ob die Götter das gutheißen würden? Diesen Umsturz der Sitten und Gebräuche.

Was konnte Gutes an einem Tag sein, der schon kurz nach Sonnenaufgang mit Arbeit begann? Langschläfer fielen plötzlich unangenehm auf, denn die Römer krempelten auch den Tagesrhythmus ihrer neuen Freunde am Rhein um.

Schon im Morgengrauen polterten die Pferdekarren durch die Gassen. Bäcker trugen frische Brotfladen aus. Kinder pilgerten mit Wachstäfelchen unterm Arm zur Schule. Soldaten marschierten zur Wachablösung an die Stadtmauer.

Der Arbeitstag fing früh an, hörte jedoch auch früh am Nachmittag auf. Dazwischen lag eine längere Mittagspause.

Die jüngeren Ubier gewöhnten sich aber schnell an den von den Römern mitgebrachten südlichen Lebensstil. Ein freies Wochenende kannten sie nicht. Dafür aber viel mehr Feier- und Festtage als wir heute.

Die Ubier, ein trinkfreudiges Völkchen, empfanden die Einführung zusätzlicher Festtage als durchaus angenehm. Anderen Neuerungen be-

Es ist schon verflixt schwer, diesen störrischen Ubiern eine Stadt zu planen

gegneten sie dagegen mit Mißtrauen. Zum Beispiel diesen Rechenkunststücken mit Zahlen und Füßen (Fußmaße). Und diese vielen Baumaßnahmen. Floscus verstand das alles nicht so genau.

Statt der Trampelpfade sollten breite Straßen mit Bürgersteigen gebaut werden, dazu Kanaldeckel und Abwässerrinnen. Die Häuser sollten in Reih' und Glied stehen und durch Zäune vom Nachbarhaus getrennt sein.

Floscus hatte ein Grundstück an der Richmodstraße zugewiesen bekommen. Sein Haus durfte nur nicht breiter als 25 Fuß sein, also ungefähr 8,30 Meter. Das hatte er sogar auf dem neuen Katasteramt unterschreiben müssen. »In manchen Dingen«, überlegte Floscus, »sind die Römer wirklich umständlich, ja sogar pingelig.« Er ahnte nicht, daß dies erst der Anfang war. Denn die Römer bauten in Köln nach dem Vorbild Roms ein großes Verwaltungszentrum auf, in dem viel geplant, gezählt und notiert wurde. »Quod non est in actis, non est in mundo« (Was nicht in den Akten steht, existiert auch nicht auf der Welt).

Floscus hatte schon jetzt, obwohl noch nicht einmal der Grundstein für sein Haus gelegt war, das Gefühl, daß es zu klein sein würde. Wo sollte er mit seinem Ochsenkarren und mit den Hühnern hin? Draußen auf seinem kleinen Hof in Müngersdorf hatte er mehr Platz. Aber er war es ja selber schuld. Er wollte unbedingt in die neue Stadt ziehen, um dort neben der Landwirtschaft einen kleinen Laden zu führen. Das heißt, eigentlich sollte seine Frau hinter der Theke stehen. Doch sie wußte noch nicht so recht, ob das ein guter Plan war. Denn die Kinder und das liebe Vieh machten ihr schon genug zu schaffen. Sie hätte auch lieber ein anderes Grundstück gehabt. Aber man mußte ja nehmen, was die Römer einem zuteilten. Sie waren die neuen Herren im Land, nachdem sie im Jahre 53 vor Chr. fast alle im Kölner Raum ansässigen Eburonen getötet hatten.

Das menschenleere und zum Teil verwüstete Siedlungsland hatten die Sieger danach den befreundeten und auf der rechten Rheinseite lebenden Ubiern als neues Siedlungsland zugewiesen. So waren Floscus und viele seiner Stammesangehörigen mit großen Hoffnungen auf ein besseres Leben in den Kölner Raum gezogen.

Wie die Römer das Land an ihre Verbündeten verteilten, ob nach hierarchischen oder sozialen Gesichtspunkten, ist weitgehend unbekannt. Bestimmt gab es Streit und Neid, was schon damals zum Alltag des Menschen gehörte. Sicherlich reservierten sich die Römer selbst die besten und teuersten Grundstücke an den zwei Hauptstraßen, dem »cardo maximus« und dem »decumanus maximus«, um ihre Verwaltungsbauten dort zu errichten. Der Dienstsitz des Statthalters, das Praetorium, wurde im Zentrum gebaut.

Floscus, der freundliche ubische Landwirt, hatte zwar nie eine Schule besucht, aber er ging wachen Auges durch die Welt und schaute den römischen Baumeistern genau auf die Finger. Ihre Technik, Straßen abzustecken und auszubauen, bewunderte er.

Da trug zum Beispiel ein römischer Soldat aus der Pionierabteilung der Legion so ein eigenartiges Eisengerät, einen langen Eisenstab mit einem Drehkreuz darauf, auf der Schulter herum. Floscus war ihm damit auf der Hohe Straße begegnet, der einzigen Straße in Deutschland, die seit 2000 Jahren ihren Charakter als Geschäftsstraße nicht verändert hat. Er sah, wie der Soldat das Gerät in den Boden steckte und zielgenau ver-

Ein Militärlandvermesser nimmt die Hohe Straße ins Visier: Kölns Richtung stimmt

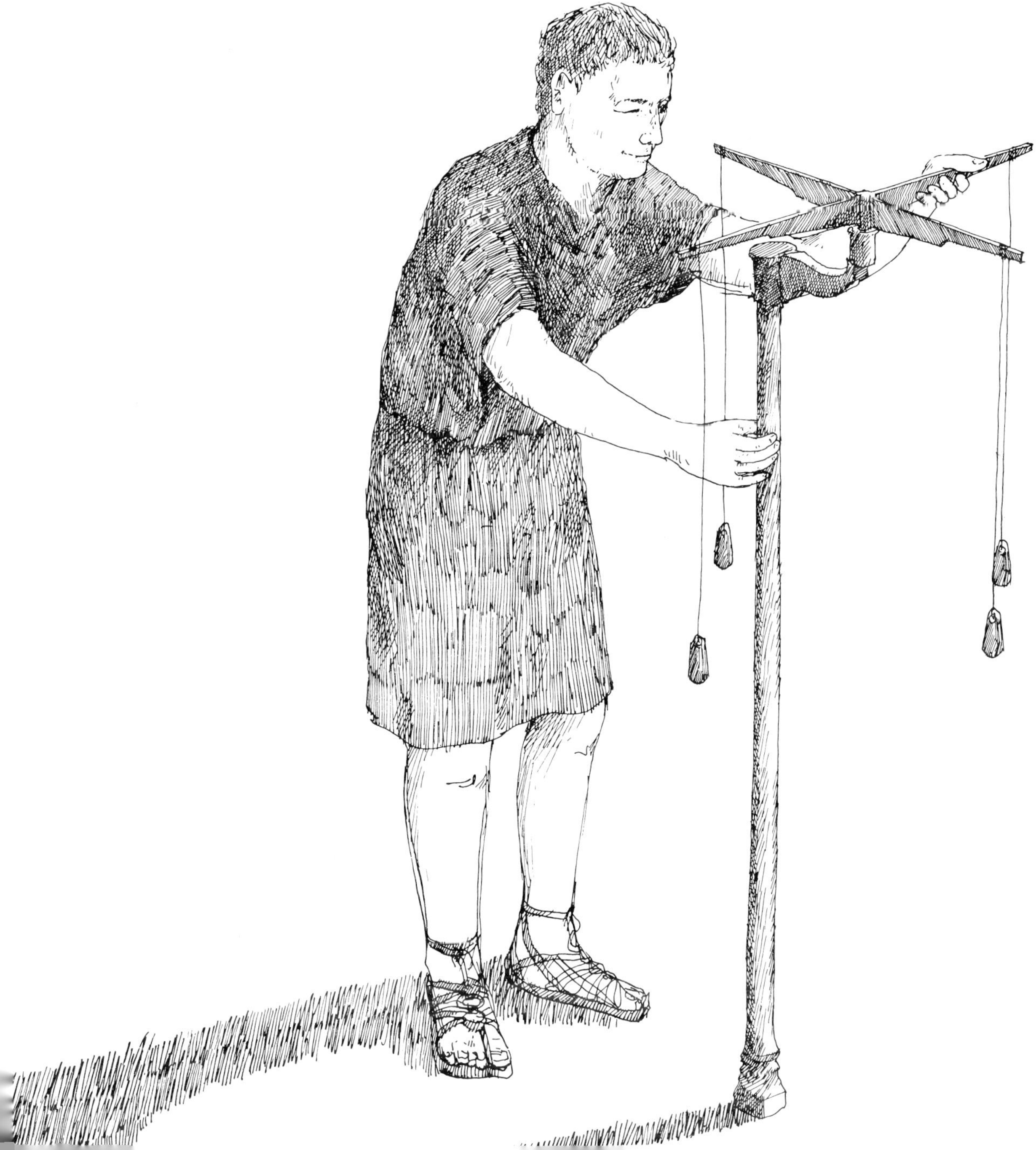

schiedene Richtungen anvisierte. Seine Kameraden steckten danach Meßpunkte ab und legten den Verlauf der künftigen Straßen fest. Groma nannten die Römer ein solches Meßgerät. »So einfach ist das«, dachte Floscus. »Stange in den Boden, über Kimme und Korn schauen und schon stimmt die Richtung. Man muß es den Römern lassen, Straßen bauen können die Herren.« Die Nummer 67 der heutigen Hohe Straße war wichtigster Meßpunkt für Köln. Nachdem die Straßenrichtung feststand, rückten nun Soldaten mit Spaten und Hacken an, steckten die Breite der Straße ab und zogen in deren Mitte einen Graben. Viele Schaulustige standen währenddessen am Wegesrand. Die Ubierin Thusnelda hatte Angst um ihren kleinen Bruder, der mit großen Augen dem Treiben der Männer, die eine fremde Sprache sprachen, zuschaute und zwischen den Karren der Zimmerleute herumstolperte, während diese dicke Holzbretter abluden. Sie hobelten die Bretter noch etwas, fügten sie mit Eisennägeln zu langen Kästen zusammen, nagelten über die Stoßfugen Bronze- und Bleibleche und legten diese Kästen in den in die Mitte der Straße gezogenen Graben. So entstand Kölns erste Kanalisation. Ein paar Tage später brachten Ochsenkarren noch Sand und Kies, um einen Straßendamm aufzuschütten.

Erst jetzt begriff Floscus, wie man das alles geplant hatte. Auch das mit den Häusern. Es gab eine feste Bauordnung. Alle standen schön ausgerichtet, so wie es die römischen Offiziere festgelegt hatten. Die Stadt sollte ein ganz bestimmtes Gesicht erhalten, wie man es am Rhein bis dahin noch nicht erlebt hatte.

Nur im Süden, in der Schweiz bei Basel, so erzählte man sich, hätten die Römer schon Ähnliches gemacht. Die Stadt hieß Augusta Raurica. Viel mehr wußten die Ubier damals nicht von der Konkurrenzstadt, nur noch, daß es auch dort viel Aufregung gegeben hatte während der Bauzeit.

Dies alles geschah nach dem Jahr 38 vor Chr., als der große Feldherr Agrippa an den Rhein gekommen war, um im Auftrag von Octavianus (der spätere Kaiser Augustus) die neue Stadt der Ubier zu bauen.

Zunächst ließ er aus Rom kaiserliche Inspektoren und Landvermesser kommen, die den zentral gelegenen Bauplatz für die Stadtanlage vermessen und abstecken mußten. Sie orientierten sich dabei an dem jahrtausendealten Naturweg, der am Rhein entlang von Bonn nach Neuss führte, und zwar über die Bonner Straße, Severinstraße, Waidmarkt, Hohe Pforte, Hohe Straße, Marzellenstraße und Neusser Straße. Dieser Weg kreuzte ein Plateau, das nach heutigen Begriffen im Süden bis zu den Bächen, im Norden bis zum Dom, im Westen bis zur Apostelnkirche und im Osten bis zum Rathaus reichte.

Erst danach wurde das Straßennetz, wurden die Plätze für Tempel und Bauten festgelegt, wurden Holzhütten und Fachwerkhäuser gebaut. Schließlich erhielt die Stadt noch einen Schutzwall aus Holz und Lehm.

Das alles ging nicht von heute auf morgen. Es dauerte wohl zwei Generationen, bis der neue Mittelpunkt der Ubiergemeinde erstellt war. Die römischen Soldaten halfen kräftig mit, manchmal auch nach.

Am Hafen, dort wo heute Heumarkt und Alter Markt liegen, wurde am meisten geschuftet. Große flache Kähne, die tief im Wasser lagen, kamen mit schweren Tuffblöcken aus dem Brohltal an.

Man zählte das Jahr 24 vor Chr. Damals ging der Hafenbau seinem Ende zu. Am Hafenrand trieben verschwitzte Soldaten dicke Eichenpfähle in Schlamm und Sand. Das war harte Knochenarbeit. Die Soldaten fertigten einen großen Holzrost an, auf den die römischen Bauleute tonnenschwere Quader auftürmten. Im Norden und

Süden des Hafens entstanden so zwei mächtige Hafentürme, auf denen vielleicht auch nachts ein Feuer brannte.

Den Ubiern gefiel diese Architektur, die ihren Hafen verschönte. Schließlich waren sie ja auch Rheinschiffer von gutem Ruf und hatten schon dem großen Caesar mit Schiffen ausgeholfen.

Einer dieser Hafentürme ist noch in Teilen, als sogenanntes »Ubiermonument« im Keller des Hauses Malzmühle 1 erhalten. Dieser mehr als 2000 Jahre alte Hafenturm ist der älteste römische Steinbau nördlich der Alpen.

Bald danach begannen die Römer auch einige der öffentlichen Bauten in Stein zu errichten. Nach dem wichtigsten Bau, dem Altar der Ubier, tauften sie denn auch die Stadt »Ara Ubiorum«. Dem römischen Kaiser sollte schließlich auch am Rhein gebührend gehuldigt werden.

Diese Ara Ubiorum, ein steinerner Opfertisch, stand vermutlich mitten in der Stadt, etwa im heutigen Gebiet von Herzogstraße und Hohe Straße. Nachgewiesen haben ihn die Kölner Archäologen allerdings bisher nicht.

Bei allem Gründungseifer, Köln wurde kein zweites Rom. Es ging hier nicht so luxuriös zu, aber vielleicht üppiger als in anderen Städten der Provinz. Vieles von dem, was Kölner heute kennen, gab es früher auch schon: eine Art Kölsch, Wein, Zebrastreifen, Fußbodenheizung, Baukräne, Toiletten mit Wasserspülung, Austern, Mietwucher, Klüngel im Stadtrat, Bordelle, Steuerhinterziehung und vieles andere mehr.

Im Lager gehen die Öllämpchen an

Mit dem Einmarsch der römischen Soldaten veränderte sich die Landschaft im Barbarenland. Sie rodeten Wälder, legten Äcker an, bauten Häuser und Straßen und brachten den Ubiern römischen Lebensstil bei. Nicht nur die Tisch- und Familiensitten der Ubier änderten sich, auch ihre Mode. Wie ihre neuen römischen Freunde trugen sie bald nur noch das pallium (gegürtete Toga) und die offenen Ledersandalen mit ledernem Wadenschaft. Die römischen Soldaten fühlten sich als Entwicklungshelfer und Zivilisationsträger. Sie mußten den Ubiern vieles beibringen und hart arbeiten. Zu hart, fanden sie. Bald brach in den Militärlagern vor der Ubierstadt die erste Meuterei aus.

Caius Vetienius, Legionär in der Truppe des jugendlichen Römerhelden Germanicus (Vater der Stadtgründerin Agrippina), hat die Nase voll: Täglich mehrere Stunden Drill, Speerwurf, Schwertgefecht, Schleudern und Werfen schwerer Steine, fünf Stunden Übungsmarsch mit 30 Kilo Gepäck und Schanzarbeit. Solch harter Drill haut selbst den stärksten Römer um.

Vetienius schmerzen alle Glieder. Stöhnend fällt er auf seine Holzpritsche in der Mannschaftsbaracke. Seinen Kameraden — sie liegen zu acht Mann in einer Holzhütte — geht es ähnlich. Ausgerechnet heute ist er so lädiert. Für den Abend hat er sich doch mit der hübschen Ubierin Thusnelda in der Lagervorstadt verabredet.

11

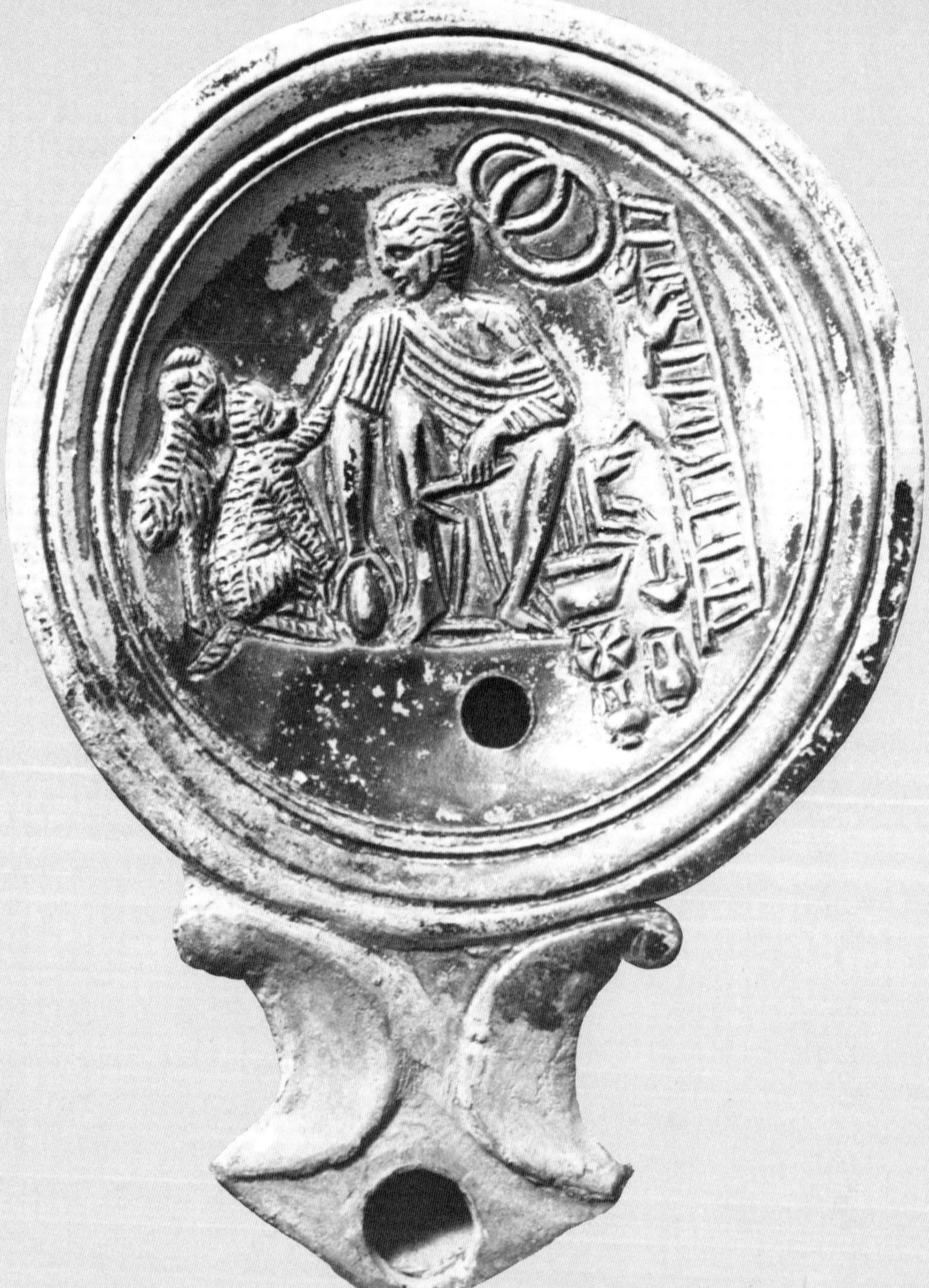

Wo immer Soldaten ihre Lager bauten, wimmelte es bald auch von Händlern, Gastwirten und ein paar leichten Germaninnen, die ihre Dienste in einer provisorisch aufgebauten Budenstadt vor den Kasernentoren anboten. Die große Entdeckung der feurigen Römer im kühlen und ungastlichen Barbarenland waren die blonden Frauen der Germanen. Abends, wenn die Öllämpchen in der Lagervorstadt angingen, begann für die Legionäre das süße Leben. Nicht immer hatten sie jedoch bei den Ubicrinnen leichtes Spiel. Die wackeren germanischen Väter achteten auf Zucht und Sitte.

Caius Vetienius jedoch hat ernste Absichten. Er will Thusnelda heiraten. Pünktlich steht sie abends am Lagertor, in ihrem besten Sackkleid, die strohblonden Haare hochgesteckt. Vetienius (manchmal nennt sie ihn verliebt »mein kleiner Tubicen« — Trompeter) ist entzückt.

Trotz aller Verliebtheit verläuft der Abend unbefriedigend. Der Kavalier ist zerstreut, denn der Tod von Kaiser Augustus (14 nach Chr.) ist offiziell bekannt geworden. Im Lager war heute schon von Meuterei die Rede. Die Soldaten fordern weniger Arbeit, höheren Sold (sie verdienen 225 Silberdenare im Jahr), frühere Entlassung aus dem Dienst, nicht erst nach 25 Dienstjahren.

Thusnelda warnt ihren Verlobten: »Bei allen Göttern, laß die Finger aus dem Spiel.« Doch Vetienius meint: »proximus sum egomet mihi« (Ich bin mir selbst der Nächste). Hastig verabschiedet er sich von ihr.

Noch in der Nacht bricht der Tumult los. Die Soldaten ermorden die Hauptleute und werfen sie in den Rhein. Feldherr Germanicus, der gerade auf Inspektionsreise in Gallien (Frankreich) weilt, wird alarmiert. Doch nicht ihm, sondern erst seiner Gemahlin Agrippina der

Links: Öllämpchen, Taschenlampe der Römer
Rechts: Thusnelda umarmt Vetienius

Älteren gelingt es, die Wütenden zu besänftigen und sie von der Plünderung der Ubierstadt abzuhalten. Hochschwanger (sie gebar wenig später jene für Köln so wichtige Agrippina), mit ihrem Söhnchen Caligula auf dem Arm, läuft sie weinend mit einer Schar anderer Frauen aus dem Militärlager, um Schutz bei den Ubiern zu suchen.

Da schämten sich die römischen Legionäre — so berichtet jedenfalls der römische Geschichtsschreiber Tacitus —, daß eine Enkelin des Kaisers Augustus in einem römischen Lager nicht mehr sicher war. Sie gaben klein bei. Frauentränen bewirkten eben schon damals mitunter mehr als Schwerter.

Es war wieder Ruhe in den Römerlagern eingekehrt. Den Soldaten ging es im Grunde ja nicht schlecht. Es herrschte zwar harte Disziplin, um das bunte Völkergemisch aus römischen Bürgern, Freigelassenen und Sklaven aus vielen Ländern als Machtinstrumente im Griff zu halten. Doch wurde auch das Soldatenleben im Laufe der Zeit immer luxuriöser.

Das römische Heer war die größte Selbstversorgerorganisation der damaligen Welt. Zu jeder Legion gehörten 6000 Fußsoldaten, 120 Reiter (seit dem 2. Jahrhundert nach Chr. 762 Reiter), Pferde und Lasttiere und viele Burschen. Insgesamt waren es fast 12 000 Menschen. Außerdem gehörte ein Troß von Handwerkern dazu: Dachdecker, Vermessungstechniker, Wassersucher, Zeltmacher, Friseure, Schmiede, Schuster, Zimmerer, Bäcker, Fleischer, Töpfer usw. Zur Ausstattung einer Legion wurden 38 Tonnen Roheisen und 54 000 Kalbshäute verbraucht. Nach dem Militärdienst legte mancher Legionär die Waffen nieder und begann Felder zu bebauen. Auf diese Weise entstand mit den Jahren die rheinische Landwirtschaft.

Zum Militärlager gehörten außerdem ein Lazarett, eine Tierklinik, Kasinos und Spielsäle. Besonders beliebt waren bei den Soldaten Knobel- und Glücksspiele mit gezinkten Würfeln. Auch Thermen mit Heiß-, Warm- und Kaltwasserbecken wurden gebaut. Kranke schickte der Militärarzt außerdem zur Kur nach Bad Aachen, das schon damals für seine Heilquellen bekannt war.

Rufus rüstet römisches Roß

Thusnelda und der Römer Caius Vetienius wurden kein Paar. Vetienius starb während seiner Militärzeit. Thusnelda heiratete einen anderen Soldaten, den Caius Albanius, der sich nach seiner Pensionierung als Veteran in der Ubierstadt niederließ und wie viele andere Veteranen von der Militärregierung ein Grundstück in der Stadt zugewiesen bekam. Albanius wollte sich als Handwerker selbständig machen. In der nun entstehenden Stadt war viel Geld zu verdienen.

Nach einiger Zeit zog auch die Führung des hier stationierten Heeres in Köln ein und baute sich zum Zeichen seiner Macht großartige Villen. Als Baumaterial wurden dazu u. a. Steine vom Drachenfels geholt. An der Hauptstraße entstand das Praetorium, dessen Ruinen noch heute unter dem Rathaus zu sehen sind, als verwaltungstechnischer Mittelpunkt der Stadt.

Mit der Kaiserin ins Freudenhaus

Die Ubier sind gelehrige Schüler der Römer. Unter Anleitung der römischen Besatzungsmacht wächst das Oppidum »Ara Ubiorum« schnell zu einer blühenden Stadt. Das Protektionskind am Rhein genießt das besondere Wohlwollen des Kaiserhofs. Außerdem haben die Ubier eine gute Lobby in Rom. Einflußreiche Fürsprecherin ist eine ehemalige Kölnerin: Agrippina die Jüngere, die am Tiber Karriere machte und beim Wechselspiel ihrer Liebhaber schließlich in den Armen des mächtigsten Mannes, des Kaisers, landete. Sie unterstützt die Pläne ihres Mannes, des Kaisers Claudius, die Ubierstadt zur römischen Kolonie zu erheben.

Seit dieser Zeit verehren die Kölner sie als Stadtgründerin. Ob sie diese Auszeichnung verdient?

Sie war eine gelehrte Frau, aber vermutlich keine Dame von großer Tugend.

Der Ruf der Agrippina hat die Historiker vergangener Zeiten in Verlegenheit gebracht. Einige stilisierten sie zur »Ehrwürdigen Mater Colonia« hoch, die in Rom Regierungserklärungen mit eigenen Kommentaren versah. Andere wagten, sie als macht- und liebeshungrig und von »rohem, männlichem Gemüt« zu schildern.

Sie kam 15 nach Chr. als Tochter des römischen Prinzen Germanicus, des Kommandanten der Rheinarmee, in Köln zur Welt. Als der Vater nach Rom zurückversetzt wurde, packte auch die Familie die Koffer. Mit 13 Jahren heiratete Agrippina das erste Mal und sorgte vermutlich für ein schnelles Dahinscheiden des Gemahls.

Den zweiten Ehemann beförderte sie ins Jenseits, nachdem er ihr sein Geld überschrieben hatte. Ihr erfolgreiches Mittel: Vergiftete Morcheln. Bei der dritten Hochzeit mußte ihretwegen sogar ein Gesetz geändert werden. Sie wollte ihren Onkel Claudius, den Kaiser von Rom, heiraten. Nach römischem Gesetz war eine Ehe zwischen Onkel und Nichte aber nicht gestattet. Agrippina war zu diesem Zeitpunkt 34 Jahre alt, ungewöhnlich schön, aber auch ungewöhnlich herzlos. Aus erster Ehe hatte sie einen Sohn. Dieser ging als mordender und brandschatzender Kaiser Nero in die Geschichte ein.

Selbst zu jener Zeit, als es mit den Tugenden der Römer schon bergab ging, schien der Lebenswandel der Kaiserin Agrippina ein Skandal gewesen zu sein. In Nachrichten aus damaliger Zeit steht: »So war auch der blutschänderische Verkehr zwischen ihr und ihrem Bruder Gajus (Spitzname: Caligula = Kommißstiefelchen) ebenso an der Tagesordnung wie die Beziehungen zur selben Zeit mit ihrem Schwager und einer Vielzahl von Geliebten unter den Freigelassenen und Edelmännern am Hofe.«

Vorder- und Rückseite einer Münze, die nicht im Verkehr war: Agrippina ziert eine Eintrittsmarke fürs Freudenhaus

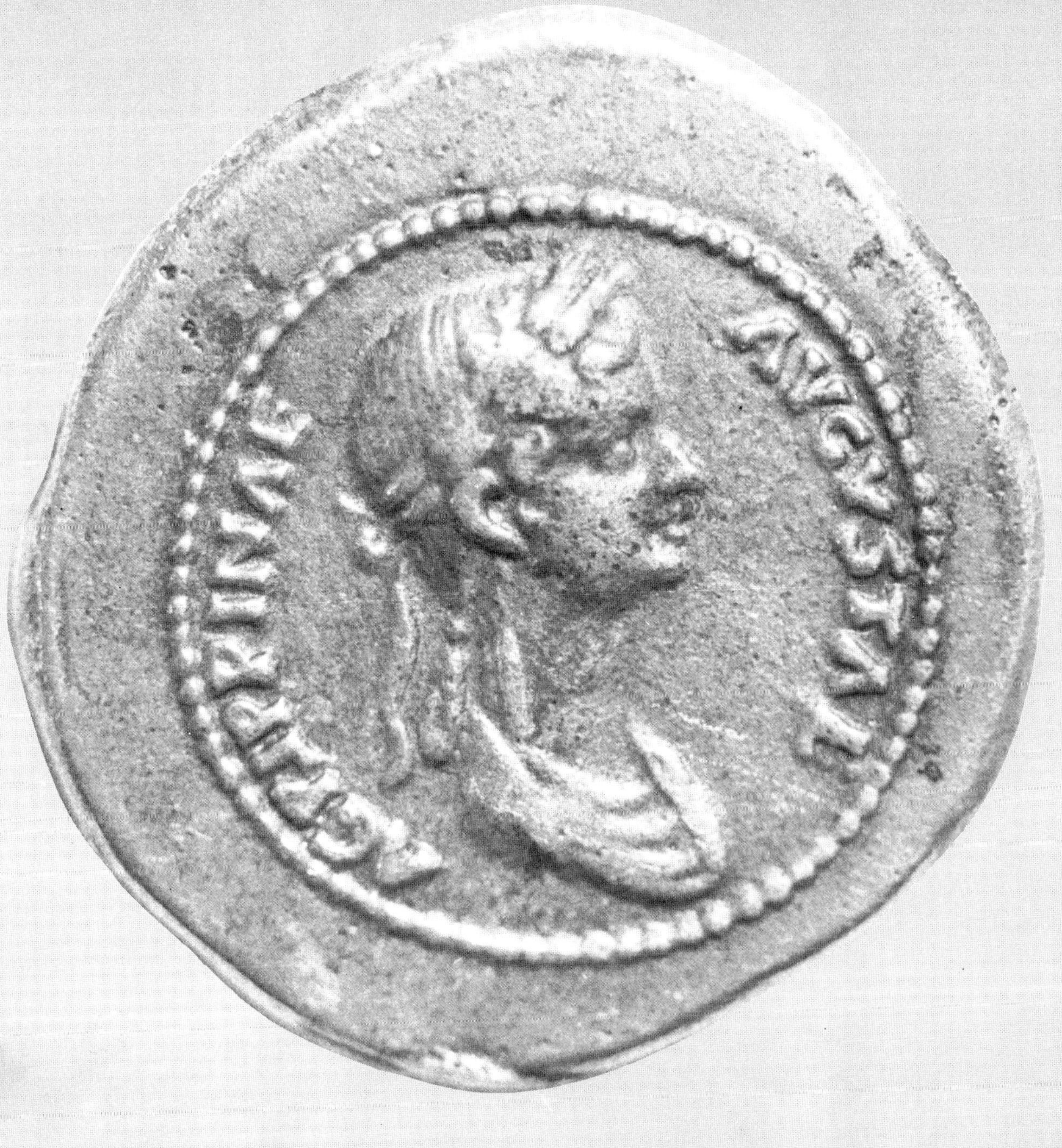
AGRIPPINAE
AVGVSTA

Sollte Kaiserin Agrippina zu allem Überfluß auch noch die Ahnfrau der heutigen Hornstraße gewesen sein? Das Römisch-Germanische Museum besitzt eine Marke ungewöhnlicher Art.

Auf der einen Seite ist das Porträt der Kaiserin Agrippina zu sehen, auf der anderen Seite eine pikante Liebesszene. Die Marke diente römischen Soldaten wohl als Eintrittsgeld ins Bordell. Nachdem Agrippina, einem Gerücht zufolge, das der römische Schriftsteller Sueton überliefert, auch ihren dritten Mann, Kaiser Claudius, umgebracht hatte, wurde sie schließlich selbst erstochen. Ruhmloses Ende einer berühmten Frau.

Der extravagante Lebenswandel der Agrippina war den Ubiern gleichgültig oder weitgehend unbekannt. Rom war schließlich weit weg und der Nachrichtenfluß in die Provinz stockend. Außerdem waren die Ubier vollauf damit beschäftigt, aus Anlaß ihrer Ernennung zur römischen Kolonie ein großes Fest vorzubereiten.

Für die Gründung einer neuen Stadt hatten die Römer ein ganz bestimmtes Zeremoniell. Mit einem Pflug zogen sie um das Gebiet, in dem die neue Stadt entstehen sollte, einen Graben. Dort wurde die Stadtmauer gebaut. Als die Ubierstadt römische Kolonie wurde, fand dieses Grabenziehen nur noch symbolisch statt. Es gab ja bereits Häuser, Straßen und auch einen Schutzwall aus Holz und Lehm. Die Ernennung zur Kolonie im Jahre 50 nach Chr. wurde für die Kölner dennoch zu einem großen Ereignis. Mit andächtigem Staunen schauten die »Neu-Römer« der feierlichen und ihnen ungewohnten Handlung zu. Der Oberpriester der Stadt, ein Ubier (die Römer hatten ihren Verbündeten die germanischen Götter belassen und ihnen nur die römischen Götter zusätzlich verordnet), spannte ein weißgefärbtes Kuh-Stier-Gespann vor einen Pflug und lenkte ihn, begleitet von viel Volk, bis vor die Stadtmauer. Dann begann er einen Graben um die Stadt zu ziehen. Überall dort, wohin ein Stadttor kommen sollte, beziehungsweise wo es jetzt schon stand, zog er den Pflug aus der Erde und setzte ihn einige Meter weiter wieder an.

Ob Agrippina aus Rom angereist kam, um dem Festakt beizuwohnen, ist nicht bekannt.

Die Ubier nannten sich jetzt stolz Agrippinenser und gaben ihrer Stadt den Namen »Colonia Claudia Ara Agrippinensium«, kurz »CCAA« genannt.

Die Stadtgrenzen der römischen Kolonie waren juristisch und religiös so streng festgelegt, daß in Köln während der Römerzeit keine Stadterweiterung mehr möglich war. Auch reiche Leute zogen, da bald kein Bauland in der Altstadt mehr frei war, vor die Tore Kölns und bauten nach römischem Vorbild große Gutshöfe mit Herrenhäusern, Säulengängen und Mosaikböden. Ein solcher Gutshof eines reichen Kölners lag in Müngersdorf, im heutigen Gebiet des Stadions.

Nicht alle Ubier wurden mit der Ernennung zur Kolonie automatisch römische Bürger.

Dieses Vorrecht genossen, abgesehen von den römischen Soldaten, die sich nach ihrer Pensionierung als Veteranen niederließen, nur einige bedeutende Ubierfamilien.

Die römischen Bürger mußten damals in erster Linie Steuern (Kopf- und Bodensteuer) bezahlen. Da die Agrippinenser jedoch das sog. »ius Italicum« genossen, war man in der neuen Kolonie wahrscheinlich von diesen Lasten befreit. So hatte die Handlung von Kaiser Claudius und seiner Kölner Frau Agrippina auch ihre Vorteile für die Stadt und ihre Bewohner.

Stattliche römische Scheune des Gutshofes in Köln-Müngersdorf

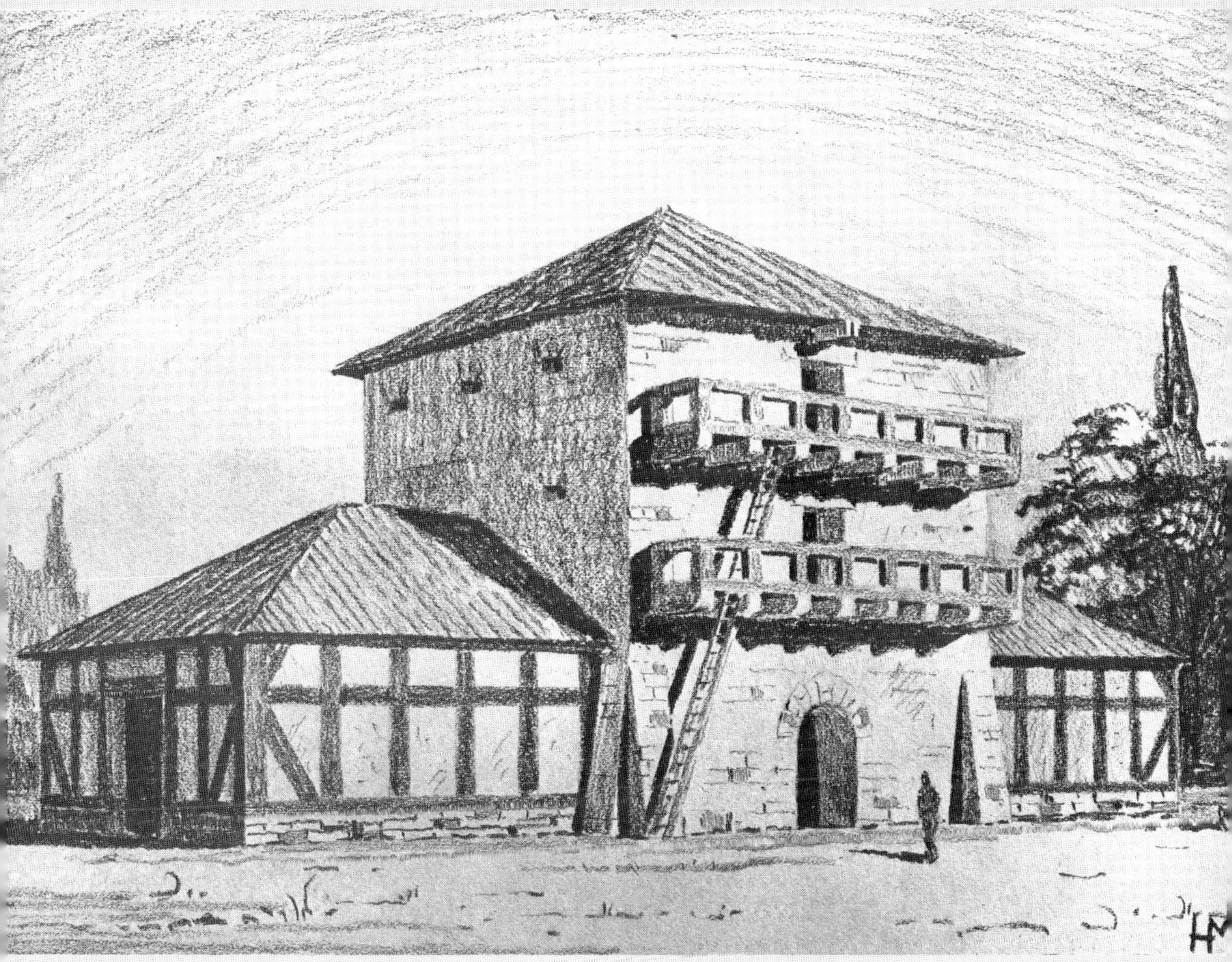
HM

Der Luxus mit dem Eifelwasser

In der Mitte des ersten Jahrhunderts war das Leben in Köln unbequem. Die Stadt glich einer riesigen Baustelle. Die Hausfrauen schimpften, weil zu viel Dreck und Lehm ins Haus getragen wurden. Die Geschäftsleute klagten, weil die aufgerissenen Straßen die Kunden abhielten. Die vielen Umleitungen führten zu Verkehrsstörungen. Lange Schlangen von Esel- und Pferdekarren versperrten die Gassen. Und an allem waren die Römer schuld. Sie bauten die Kolonie immer mehr zu einer modernen Stadt aus, mit Abwasserkanälen, Wasserleitungen und einer dicken Stadtmauer aus Mörtel und Steinen.

An der Kanalbaustelle Obermarspforten steht der Polier Longinus und flucht. Er ist verärgert, daß er seine Termine nicht einhalten kann. Schon drei Monate ist die zweitwichtigste Straße der Stadt, die durch das Marstor zur Hafenbrücke auf die Insel führt (sie lag etwa dort, wo heute das Martinsviertel ist), gesperrt. Nichts will klappen. Longinus wartet ungeduldig auf einen neuen Steintransport aus dem Brohltal. Die neue Fuhre aus der Kalkbrennerei Iversheim (sie ist noch heute erhalten), um Mörtel anzurühren, müßte auch längst da sein.

Da fällt ihm ein, daß er vergessen hat, die Sondergenehmigung für den Steintransport über die Hohe Straße zu beantragen. Denn die Geschäftsstraßen sind am Vormittag für den Durchgangsverkehr gesperrt.

Und noch etwas macht dem Longinus Sorge. Wie soll er die Baustelle absichern? Zwei Kinder sind schon beim Spielen in die Baugrube gefallen. Zum Glück ist ihnen nichts passiert. Anders als beim Bau an der Brückenstraße, muß er diesmal auf dem Stück zwischen Hohe Straße und Marstor den Kanalschacht besonders tief (18 Fuß, knapp sechs Meter) und besonders breit (5$\frac{1}{2}$ Fuß, über 1,50 Meter) ausgraben.

Bei Regen wurde der aufgeschüttete Lehm bis an die Häuserwände gespült. Die Frau des Straßenanliegers Titus — Hausmeister in der Curia, im Rathaus — schimpfte ohnehin jeden Tag über die Baukolonne des Longinus. Er hörte schon nicht mehr hin. Valeria war für ihr böses Temperament bekannt.

Die Kanalarbeiten wären auch zügiger vorangegangen, wenn die Bauleitung von der Stadtmauer dem Kollegen Longinus mit ihren Materialvorräten ausgeholfen hätte.

Der Mauerbau war in vollem Gange. Ein imposantes Bauwerk. Die erste Stadtmauer Germaniens aus Mörtel und Stein: 3900 Meter lang, mit neun Toren, 21 Türmen. Den ersten Schutzwall, an derselben Stelle aus Lehm und Holz gebaut, hatte man abgerissen. Täglich war die Baustelle von Schaulustigen umlagert, die staunend den Einsatz riesiger Baukräne verfolgten, mit denen Steinblöcke für die Torbauten hochgezogen wurden.

Die Planung der römischen Baumeister, das erkannten die Agrippinenser an, war gut. Köln sollte auch nach römischem Vorbild eine saubere Stadt werden. Alle großen Straßen sollten unterirdische Abwässerkanäle bekommen, mit breiten, die Reinigung erleichternden Einstiegsschächten und schönen Kanaldeckeln. Bisher hatte es nur aus Holz gezimmerte, offene Abwässerrinnen gegeben. Fußgänger mußten immer damit rechnen, daß irgendwo eine Haustür auf-

Tuffstein für Köln: unterirdischer Steinbruch in der Eifel

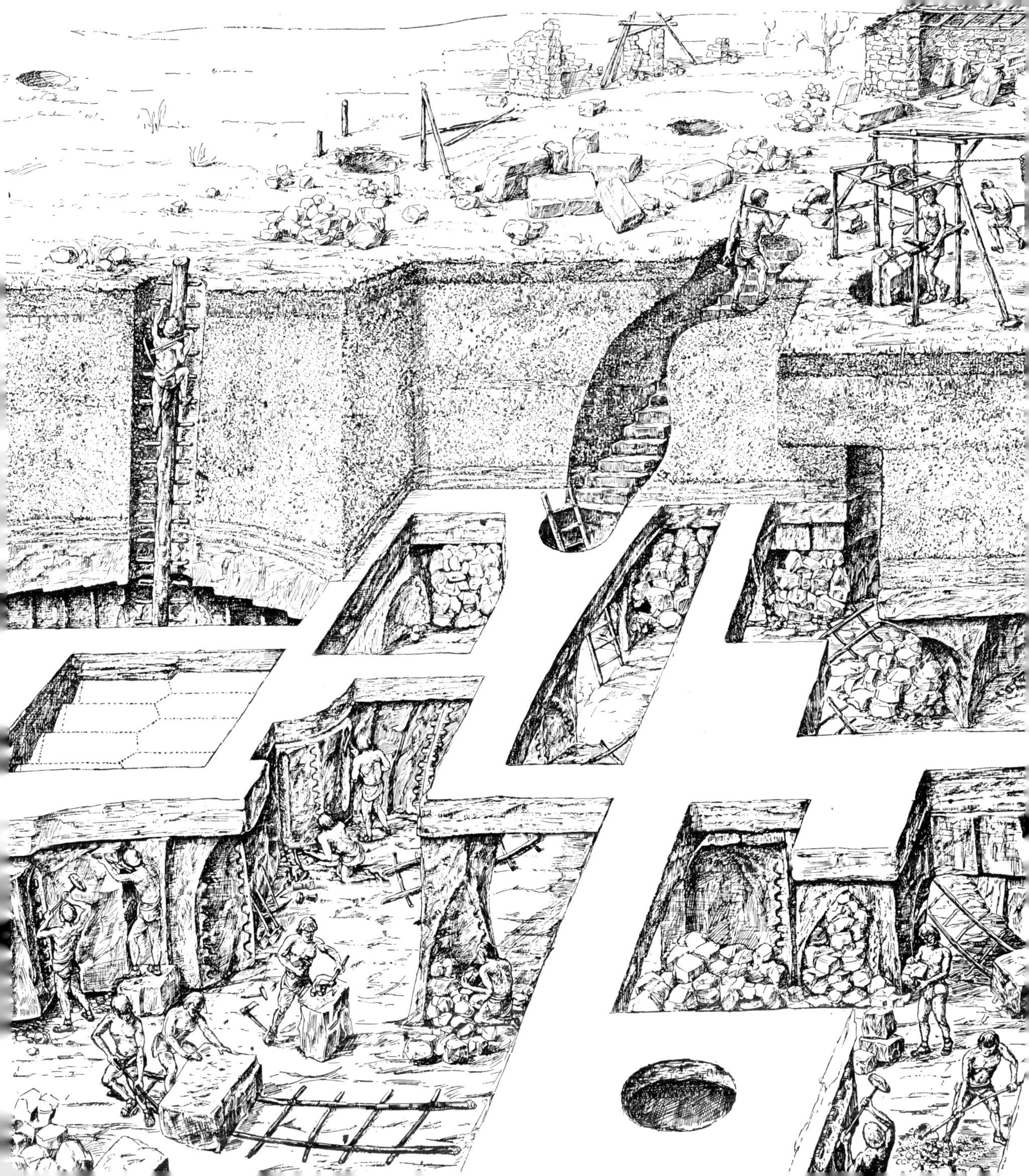

gerissen wurde und stämmige Agrippinserinnen ihnen mit Schwung das Putzwasser oder Schlimmeres vor die Füße schütteten.

Mit dem neuen Kanalsystem wurde alles besser. Die Abwässer wurden in den Hafen und in den Stadtgraben vor der Stadtmauer geleitet.

Stärker noch als die Einrichtung des unterirdischen Abwässerkanalsystems veränderte der Bau einer großen 90 Kilometer langen Wasserleitung das Leben in der Stadt. Reines, gesundes Quellwasser aus der Eifel (der Rhein war den Römern als Trinkwasserquelle schon damals zu schmutzig) wurde zum Allgemeingut, es floß für Arme und Reiche. Bis dahin unbekannte Badefreuden gehörten bald zum Alltagsprogramm der Kölner. Die Römer setzten sich damit in ihrer Kolonie selbst ein großartiges Denkmal ihrer Baufertigkeit.

Es hatte zwar schon vorher ein kleineres Kanalnetz gegeben, durch das Wasser aus dem Vorgebirge nach Köln geleitet wurde. Aber das Aufblühen der Stadt — die Einwohnerzahl lag bei etwa 25 000 — führte allmählich zu Versorgungsschwierigkeiten. Die neue Leitung, die teilweise über hohe Steinbögen (Aquädukte) führte, brachte täglich etwa 20 Millionen Liter Wasser in die Stadt. Das Wasser passierte eine besondere Filteranlage, eine Entschlammungsanlage, die noch heute im Grüngürtel, südlich der Berrenrather Straße, hinter dem Militärring, zu finden ist.

Die Römer, versessen darauf, alles im Leben eines Bürgers zu reglementieren, ließen das Wasser nach ausgeklügelten, gemeinwirtschaftlichen Gesichtspunkten verteilen. Reiche Kölner, die unbedingt eigene Toiletten und Bäder mit Wasserspülung haben wollten, mußten den Privatkanal teuer bezahlen. Außerdem wurde eine vom

Hochbetrieb im Hafen: Holz-Kräne hieven schwere Blöcke aus den Rheinkähnen

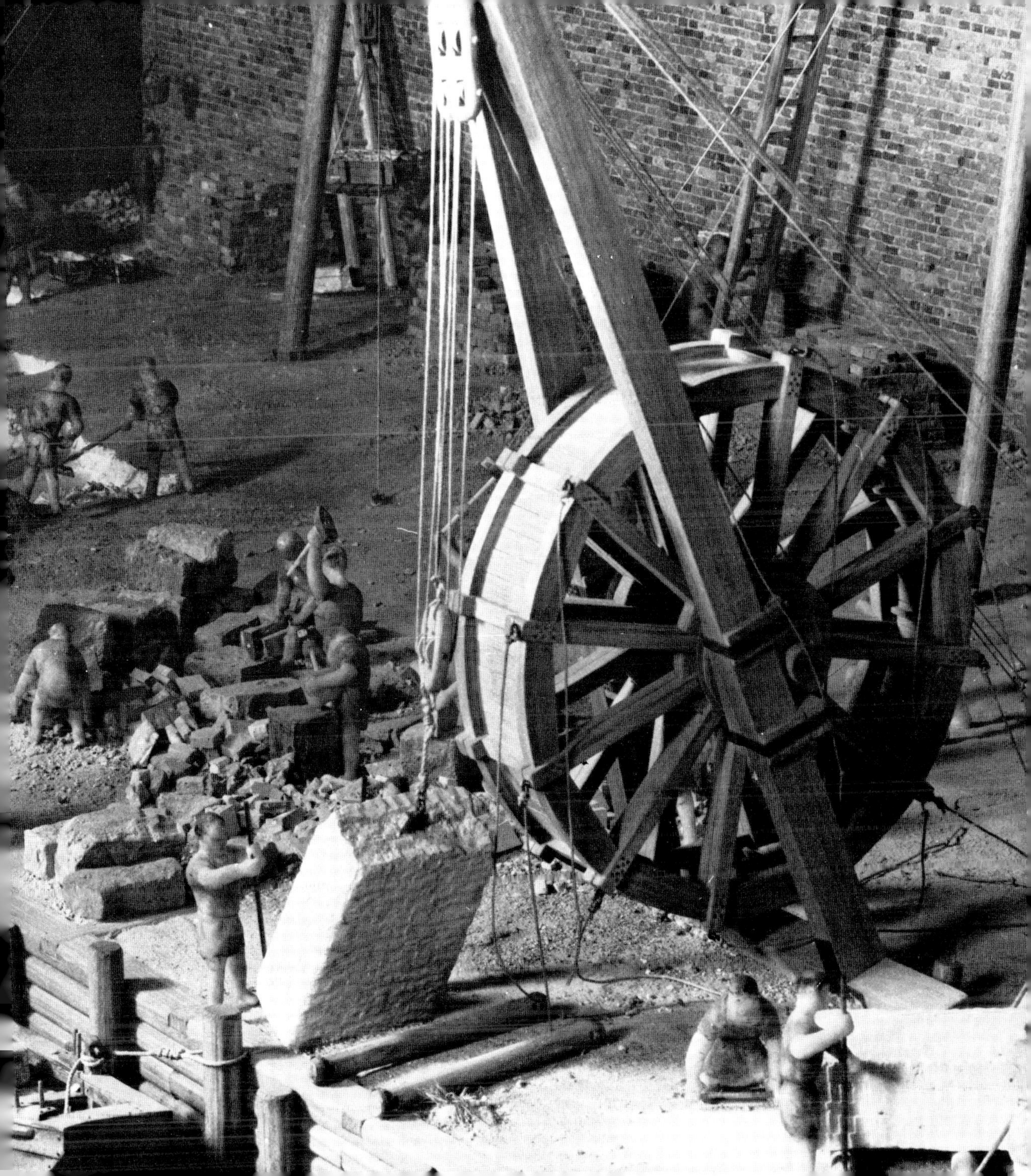

Steinhauer spalten die Blöcke am Drachenfels..., ... lassen sie mit Rollen und Seilen z

und laden sie auf die Lastkähne im Rhein.

Eichamt geprüfte und gestempelte Düse vor die Zuleitung geschaltet, die die Wasserentnahme je nach Tarifgruppe begrenzte.

Die einfachen Leute holten sich ihr Wasser kostenlos an den Brunnen der Straße, die zu einem beliebten Treffpunkt der Hausfrauen wurden. Vielleicht hatten Hausfrauen damals mehr Zeit als heute. Zu Putzen gab es nicht viel. Die Wohnungseinrichtung war bescheiden. Ein paar Truhen, je nach Vermögen reich oder weniger reich mit Bronzebeschlägen verziert, in denen die Kleider gefaltet lagen, Regale, kleine Tische. Im Speisezimmer ein paar Liegen und viel Nippes. Die Betten (Arme lagen in Steinnischen, Reiche auf Holzpritschen) waren schnell ge-

Luxus im Schlafzimmer

macht. Geschlafen wurde auf Fellen oder Strohsäcken. Federbetten waren Luxusware.

Die geschwätzige Valeria nutzte den Gang zum Brunnen gerne, um ihre Freundin Dextrina (Trinchen genannt) zu treffen. Diesmal schien Trinchen sehr bedrückt. Sie hatte Sorgen. Die Miete war schon wieder erhöht worden. Die Schulden wuchsen, die Hausgötter schienen sie auch im Stich zu lassen. Bisher waren die Opfer, die Trinchen ihnen brachte, vergebens. Einen Kredit aufnehmen? Daran war nicht zu denken. Diese Wucherzinsen — in Provinzhauptstädten wie Köln wurden bis zu 48 Prozent der geliehenen Summe verlangt — konnte doch keiner mehr bezahlen. Geldwechsler und Immobilienhändler gehörten zu den bestgehaßten Leuten. Sie nutzten die Zeit des Aufbaus schamlos aus.

»Beati possidentes« — glücklich die Besitzenden — seufzte Trinchen. Sie hatte Angst vor dem ersten Juli, dem Haupttermin für Wohnungswechsel und Kündigungen. Sie wollte nicht auch

Schrank feiner Leute

zu den Armen gehören, die man an diesem Tag mit ihrer Habe, altem Gerümpel, zerbrochenem Geschirr, nach schlechten Seefischen stinkenden Töpfen, durch die Straßen auf der Suche nach einer neuen Bleibe pilgern sah.

Ihre Freundin Valeria versprach, den Ehemann Titus um Rat zu fragen. Warum hatte Trinchens Mann bloß vom Schuhmacher- zum Töpferhandwerk gewechselt? Bei aller Freundschaft konnte Valeria sich die etwas gehässige Bemerkung nicht verkneifen: »Ne sutor supra crepidam« — Schuster, bleib bei deinen Leisten!

Valeria und Dextrina wieder bei Klatsch und Tratsch

Im Nachthemd zum Kaiser ausgerufen

Knapp 20 Jahre nachdem Köln zur römischen Kolonie erhoben worden war, erlebten die Agrippinenser das ereignisreichste Jahr ihrer jungen Geschichte. Bei Nacht und Nebel proklamierten die Soldaten ihren eigenen Kaiser. Dieser Glücksstunde folgte jedoch bald die erste Krise. Völlig unerwartet stehen eines Tages waffenklirrende fremde Germanenstämme vor den Toren. Nicht durch Mut und Kampf, sondern durch List und Tücke, gelingt es den Kölnern, ihre Stadt vor einer Plünderung zu retten.

Es ist das Jahr 68 nach Chr. In Rom passiert Schreckliches. Der ungeliebte, mörderische Kaiser Nero (Sohn der Köln-Stadtgründerin Agrippina) wird umgebracht. Soldaten meutern und heben der Reihe nach in Spanien, Germanien, Rom und im Orient Heerführer als neue Kaiser auf den Schild. Es ist das berühmte Drei-Kaiser-Jahr (kleine Erinnerungshilfe aus dem Geschichtsunterricht: »Otho, Galba und Vitell folgten einander schnell«).

Köln ist einer der Unruheherde. Die römischen Legionen am Rhein rufen den Statthalter Vitellius zum Kaiser aus. Tacitus (großer römischer Geschichtsschreiber) überliefert die Hektik der historischen Stunden so:

»In der Nacht, die auf den ersten Januar folgte, kam der Adlerträger der vierten Legion nach Köln und brachte Vitellius, der gerade beim Schmaus lag, die Nachricht, die 14. und 18. Legion in Obergermanien (Gebiet des Oberrheins) hätten die Bilder des neuen Kaisers Galba umgeworfen.«

Der Standartenträger, ernst und gesammelt

Was dann passiert, muß man sich so vorstellen: Der volksnahe Playboy Vitellius, der sich ebensogern in Kneipen wie in Bordellen amüsierte, wird unsanft vom Tisch gezerrt, flucht und rülpst noch einmal, bevor ihn seine Soldaten auf die Schulter nehmen und grölend durch die Stadt tragen. In Nachthemd und Pantoffeln wird er im Schein lodernder Fackeln zum Kaiser ausgerufen. Schlaftrunken stürzen die Kölner beim Lärm auf die Straße vor die Haustüren. Sie begreifen nicht, was vor sich geht. Ein Kaiser in Köln? Unerhört, wie sich Weltgeschichte bei Nacht und Nebel in den Straßen der Stadt abspielt.

Einer der Soldaten, Cornelius Rufus, der an diesem Abend vor dem Haus des Statthalters Wache schiebt, hat eine tollkühne Idee. Er rennt über die Marspfortengasse zum Marstempel (heutige Gegend um Gürzenich und St. Alban), schiebt den Tempelwächter zur Seite, brüllt unverständliches Zeug, drückt mit der Schulter das schwere Tor auf und holt kostbaren Kölner Besitz heraus: das Schwert des göttlichen Julius Cäsar, das die Agrippinenser seit 115 Jahren wie eine Reliquie hüten.

Mit dem Schwert unter dem Arm stürzt sich der Soldat durch die von Schneematsch aufgeweichten Straßen — ein eisiger Januarwind pfeift durch die Gassen — und drückt Vitellius das teure Stück in die Hand. »Ave imperator« — heil dir Imperator.

In dieser Nacht fließt der Wein in Strömen. Grölend zieht der Pöbel durch die Gassen. Mitten in diese siegestrunkene Nachtgesellschaft platzt ein Feuerruf. Im Praetorium (unter dem Rathaus stehen heute die Ruinen) ist Feuer ausgebrochen. Der Speisesaal steht in Flammen. Keiner weiß Genaues. Die Feuerwehr wird alarmiert — so etwas gab es auch damals schon —. Doch die Burschen haben zuviel auf das Wohl des neuen Kaisers getrunken und erreichen nur langsam und schwankend die Feuerwache. Dunkle Ahnungen stiegen auf. Wenn das bloß kein schlechtes Vorzeichen ist. Vitellius beweist eiserne Nerven. Er deutet die Situation auf seine Art: »Seid guten Mutes! Das Feuer strahlt für uns.«

Kölner List - Kölner Rettung

Am nächsten Morgen kommt Katerstimmung auf. Wer nicht dabei war, mag nicht recht glauben, daß er eine historische Nacht verschlafen hat, daß Köln seinem ersten Kaiser zugejubelt hat. Das Glück währt denn auch nur einige Monate. Als Vitellius nach Rom zieht, um sich zum Kaiser krönen zu lassen, geht er in der Schlacht gegen seinen Konkurrenten Vespasian ruhmlos unter.

Neue Wolken ziehen über dem Kölner Himmel auf. Staubwolken. Auf schnellen Pferden stürmen mit düsterer Miene schwerbewaffnete Germanen heran. Schon seit einem Jahr gibt es Aufruhr. Die Führer verschiedener germanischer Stämme haben sich zu konspirativen Zirkeln zusammengeschlossen, um das Joch der Römer abzuschütteln. Die entscheidende Unterredung wird nachts in einem Haus in der Kölner Innenstadt abgehalten. Die römerfreundlichen Agrippinenser wissen nicht, wie sie sich verhalten sollen.

Die Ereignisse überschlagen sich. Köln sieht sich plötzlich von germanischen Heerhaufen umzingelt, die vom rechten Rheinufer kommen. Ihnen war die wachsende Kolonie mit ihrem Reichtum schon lange verhaßt.

Die Kölner schließen überstürzt die Tore. Furcht und Schrecken breiten sich aus. Die Hausfrauen hasten, um noch Lebensmittel zu kaufen. Milch und Eier werden knapp. Waffenklirrend stehen die Germanen unter den frischgemörtelten Zinnen der Stadt. Die dicke Schutzmauer ist gerade rechtzeitig zur ersten Belagerung fertig geworden.

Den Alten und Weisen der Agrippinenser, die gemessenen Schrittes zur Verhandlung gehen, schallt der Ruf entgegen: »Die Mauern eurer Kolonie, dieses Bollwerk der Knechtschaft — reißt sie nieder. Selbst wilde Tiere verlieren hinter Gittern ihre Kraft. Macht alle Römer in eurem Gebiet nieder!«

Die Stadtväter schütteln unschlüssig ihre Häupter. Sie wollen es mit keiner Seite verderben und verlangen Bedenkzeit.

Am nächsten Morgen werden die Verhandlungen vor den Toren wieder aufgenommen. Der Vorsitzende der Gemeindeversammlung erhebt die Stimme: »Mit mehr Leidenschaft als Vorsicht haben wir die erste Gelegenheit ergriffen, um mit euch und den anderen Germanen, unseren Blutsverwandten, in Freiheit vereinigt zu werden. Aber gerade jetzt, wo sich die römischen Heere zusammenziehen, wäre es doch sicherer, die Mauern der Stadt zu verstärken, als sie niederzureißen.« So rettet Kölner List die Stadt. Die Germanen ziehen ab.

Die Kölner hängten ihre Fahnen schon immer nach dem Wind. Als sie sahen, daß sich das Blatt wieder zugunsten der Römer wendete, wurden sie wieder mutig. Bei Zülpich stand eine römerfeindliche ostfriesische Truppeneinheit.

Die Kölner, mehr listig als waffenfähig, baten die Ostfriesen zu einem üppigen Mahl mit viel Wein. Die Köpfe der Friesen wurden schwer, ihre Glieder müde. Flink verriegelten die Kölner die Türen des Festsaales, legten Feuer und freuten sich über ihr »Husarenstück«.

Damals zeigten die Agrippinenser zum erstenmal ihr Talent, Probleme auf spezifisch kölnische Art zu lösen. Wer schlau ist, braucht nicht mehr mutig zu sein.

Nordtor der Stadt, Bürgerstolz in Stein

31

Der Gestank, der aus dem Duffesbach kam

Die Kölner wünschten sich ein kleines Rom am Rhein. In kaum einer anderen Veteranenkolonie ging es so bunt und üppig zu wie in der Colonia Claudia. Die Agrippinenser waren eifrig bemüht, ihre germanischen Eierschalen abzustreifen und römische Lebensart zu imitieren. Vieles, was in Rom schön und teuer war, gab's bald auch in Köln zu kaufen. Handel und Handwerk blühten. Kölner Produkte, vor allem Glas- und Töpferwaren, erlangten Weltruhm und wurden bis nach Ägypten exportiert. Sogar in Budapest gründeten Kölner Geschäftsleute eine eigene Vereinigung.

An einem Sommermorgen gegen neun Uhr, im Handwerkerviertel »ad Gantunas Novas« — »Am neuen Gänsemarkt« (vermutlich war das am Rudolfplatz): der erste Käuferansturm ist schon vorbei. Der Geschäftstag beginnt römischer Sitte entsprechend kurz nach Sonnenaufgang. Die Handwerker — Schuster, Bäcker, Schmiede, Sattler, Töpfer — sitzen vor ihren Läden oder füllen die leeren Regale neu auf. Seit der Kolonieneugründung und dem Mauerbau war eine neue Bestimmung herausgekommen, die feuergefährliche Handwerksbetriebe aus der Innenstadt verbannte und sie zwang, sich vor der Stadtmauer niederzulassen. So entstanden spezielle Handwerkerviertel.

Töpfermeister Vindex ist bester Laune, gerade hat ihm ein Kunde gesagt, daß seine Juno-Figürchen sogar in Budapest gehandelt werden. Vindex ist eitel und versteht etwas von Werbung. Jedes Produkt ist mit seinem Namen gekennzeichnet. »Vindex fecit Coloniae Claudiae Arae Agrippinensium ad Gantunas Novas« (Hersteller Vindex, Köln, am Neuen Gänsemarkt). Die Römer hatten eine Vorliebe für Abkürzungen; im Originaltext liest sich das so: »Vindex f. C.C.A.A. ad Gantunas Novas«.

Dank der Eitelkeit von Vindex wissen die Archäologen heute, wie weit Kölner Produkte exportiert wurden.
Der Exporthandel des Spaniers Caius Antonius Quietus machte ebenfalls Geschichte. Er hatte

Links: Made in CCAA: Töpfer Fabritius stempelte seine Produkte aus Colonia Claudia Ara Agrippinensium

Rechts: Neue Schuhmode aus Rom: die Ubierinnen sind entzückt

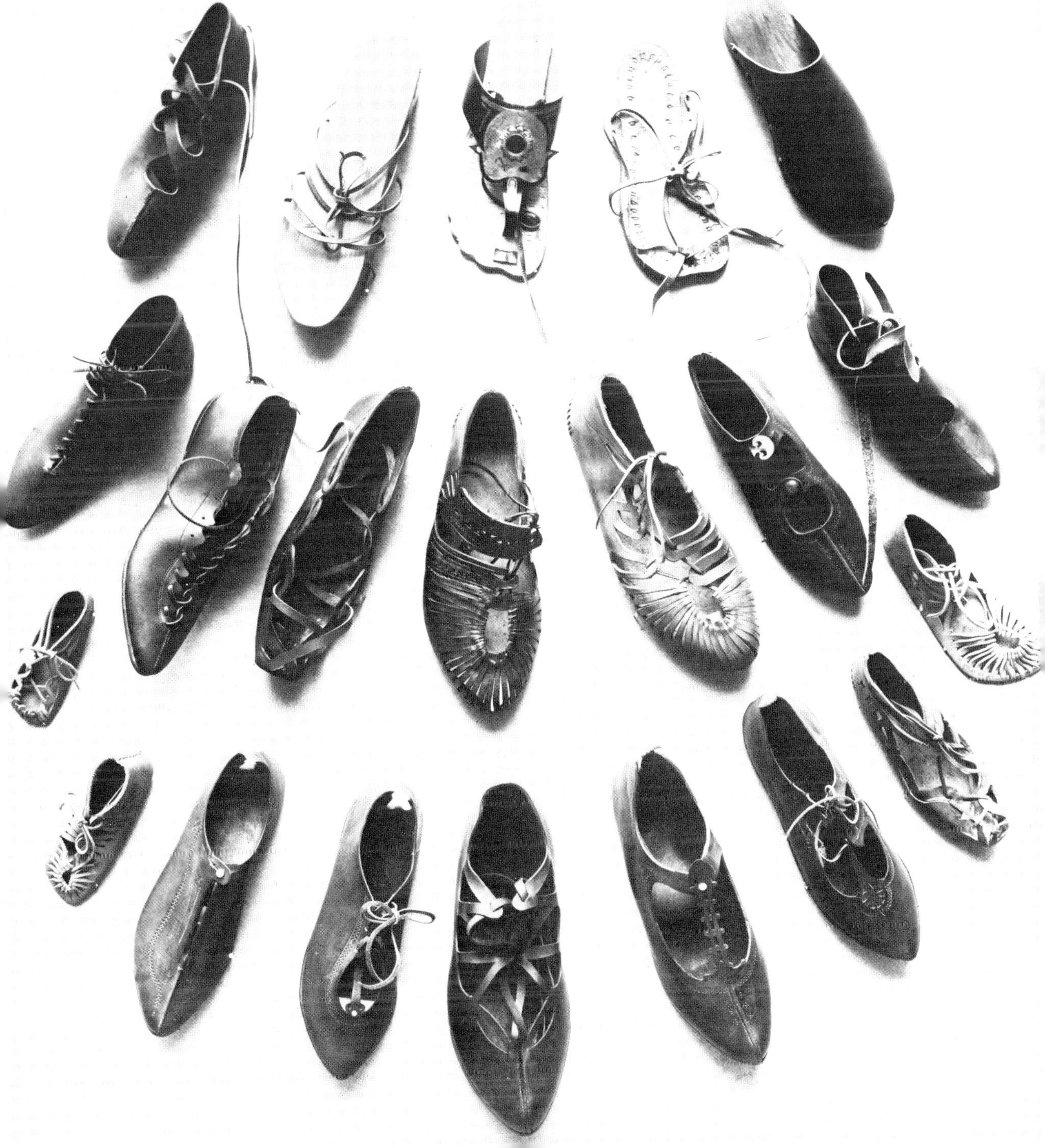

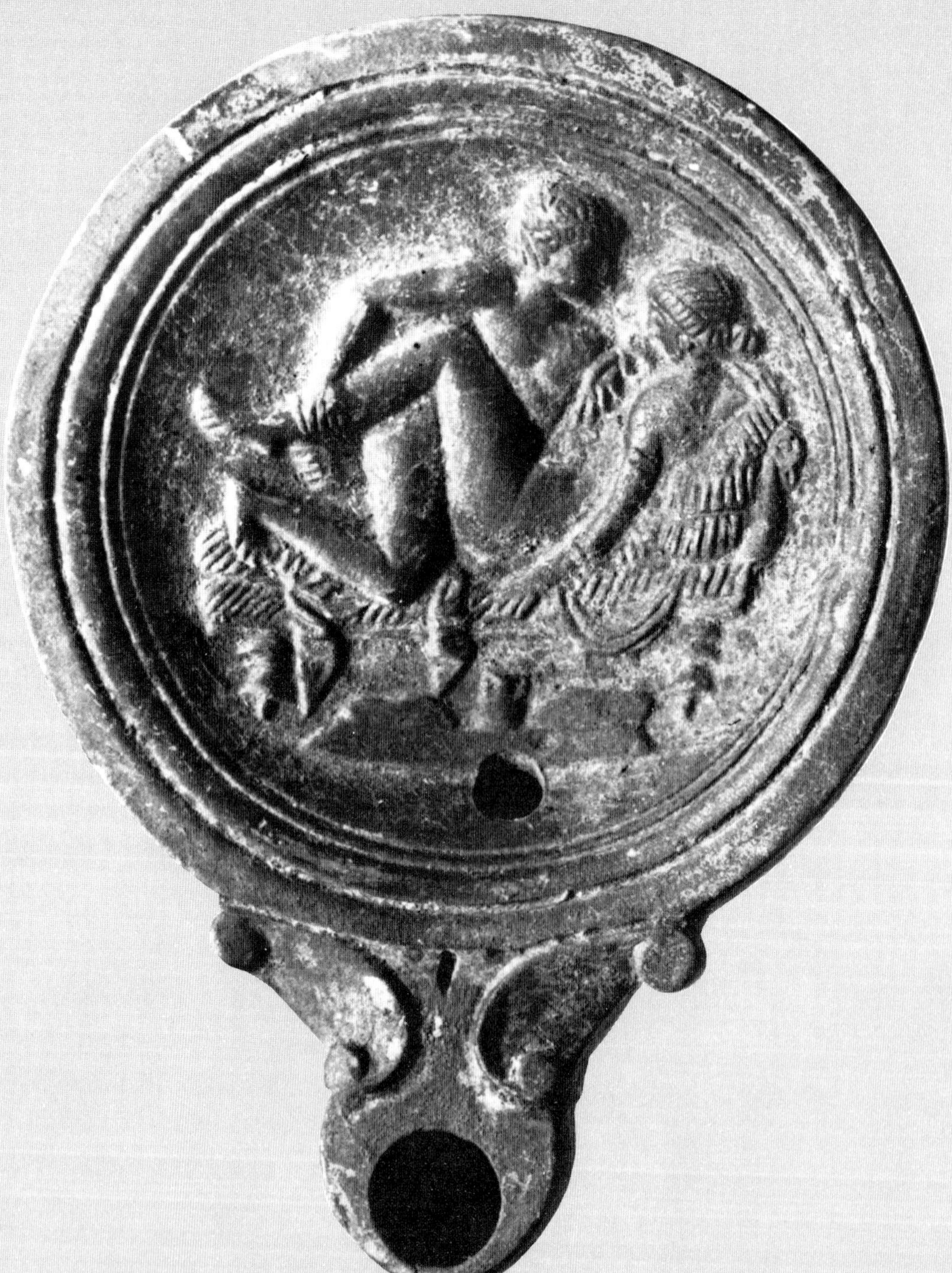

seine Hände überall mit im Spiel. Er signierte seine Amphoren, die mit Öl und Wein auch nach Köln importiert wurden. Von ihm wurden 90 Namensstempel in 48 Städten gefunden, an Rhône und Rhein und in Südengland.

Töpfermeister Vindex hat 15 Gesellen und drei Lehrlinge. Er ist ein strenger Meister. Seine Hand sitzt locker. Er macht gern von seinem Züchtigungsrecht Gebrauch. Auch jetzt poltert er los. Der Nachschub mit Götterfigürchen für die Buden am Kapitolstempel (heute St. Maria im Kapitol) klappt nicht. Götterfigürchen sind ein Kassenschlager geworden. Das Volk ist aber gläubisch. Für jedes Wehwehchen ist ein anderer Gott zuständig.

Eben kommt der Fuhrmann Rufus und bringt auf seinem Pferdewagen (es gibt schon damals private Fuhrunternehmen) eine neue Fuhre Ton aus Fühlingen. Rufus braucht Geld. Er kassiert gleich, denn er hat seiner Frau versprochen, beim Schuster am Waidmarkt neue Sandalen zu kaufen. Schuhe sind der neue modische Hit. Es gibt Stiefel-, Sandalenmacher, Pantoffel- und Damenschuhhersteller. Die Ubierinnen sind ganz vernarrt in die neuen italienischen Formen aus feinem Leder mit Brandmuster und Locharbeit. »Beim Mercur!« Beinahe hätte er etwas vergessen. Er soll ja auch neue Öllämpchen mitbringen. »Die Dinger sind wirklich viel zu klein und geben zu wenig Licht«, beschwert er sich beim Händler. Die Öllämpchen mit den anzüglichen Darstellungen sind natürlich mal wieder ausverkauft. Die Römer haben die guten Sitten der Ubier verdorben. Pornographie steht hoch im Kurs. Was heute als Po und Busen auf Glanzpapier gedruckt wird, lieferten damals die Öllämpchen aus Ton. (Anzuschauen in der Studiengalerie im Römisch-Germanischen Museum.)

Ans Licht geholt — fröhliches Treiben auf einer Öllampe

Das Handwerk hatte zwar damals schon goldenen Boden in Köln, war aber im römischen Reich nicht sonderlich gut angesehen. Die Vorstellung der Römer, daß der Besitz von Grund und Boden die edelste Ertragsquelle sei, ging in römischer Zeit nie verloren. »Nichts Freies ist in der Werkstatt zu finden«, sagt Cicero. Der freien Bürger Sinn war mehr auf Handel und Ackerbau gerichtet.

Das Handwerk wurde daher meist von Freigelassenen, Zugewanderten und Fremden ausgeübt. Römische Bürger wandten sich gerne dem Import und Export zu, wie der dicke Crassus, der mit germanischem Frauenhaar handelte, aus dem sich die Römerinnen Perücken machen ließen.

Crassus hatte sich eine große Villa auf dem Pantaleonshügel (ihre Ruine wurde unter der Pantaleonskirche gefunden) bauen lassen. Seine Geschäftsfreunde schüttelten den Kopf. Wie konnte man nur in dieser Gegend wohnen, so nahe am heutigen Duffesbach, wo die Gerber (wie später noch im Mittelalter), saßen! »Dieser Gestank. Die Betriebe sind ja inzwischen Bedürfnisanstalten«, beschweren sich die Anlieger. Sie übertrieben nicht. Die Gerber hatten Sammelstellen für Urin eingerichtet, mit denen sie die Felle gerbten. Sie verdienten gutes Geld, und sie fanden: »non olet« — es (das Geld) stinkt nicht. Die Schicht der Handwerker machte etwa ein Drittel der Stadtbevölkerung aus. Sie waren für die Wirtschaft in der Kolonie sicherlich nicht unbedeutend und brachten manche gute Steuersumme ein. Es gab etwa 200 verschiedene Berufszweige und über tausend handwerkliche Betriebe. Die Familie des Handwerksmeisters lebte in einer Wohnung hinter oder über der Werkstatt, die gleichzeitig Laden war.

Schon bevor die Römer kamen, waren die Ubier geschickte Handwerker, die alle Artikel des täglichen Bedarfs herstellten. Die Römer brachten ihnen nur zusätzlich den Hauch von Eleganz und Luxus. Großbetriebe mit mehreren hundert Beschäftigten wie in Rom gab es hier nicht. Wohl aber das System der Arbeitsteilung. Jede Branche hatte ihre Spezialisten. So gehörten zum Beispiel zu einem Anstreicherbetrieb Arabesken-, Blumen-, Tier-, Landschafts-, Figurenmaler. Es gab festen Tageslohn und auch schon Akkordarbeit. Die meisten Handwerker waren aber in speziellen Vereinigungen — collegia — zusammengeschlossen. Unter den Kölner Handwerkern gelangten die Glasbläser mit ihren hauchdünnen Schalen, Krügen und Vasen zu Weltruhm. Nirgendwo wurde diese verfeinerte Ware so massenhaft hergestellt wie in Köln. Der Export ging bis nach Südrußland, Ägypten und Kleinasien.

Gute Kunden waren auch die Soldaten aus dem Bonner Legionärslager. Hauptmann Caelius war allerdings ein schwieriger Kunde. Er wollte diesmal für sein Liebchen etwas Besonderes haben — einen gläsernen Schuh als Parfümflasche. Glasbläser Junius meinte, das habe er noch nie gemacht. Als das Kunstwerk dann aber doch gelang, wurde es ein begehrter Geschenkartikel, ein neuer Produktionsschlager. Zwei dieser Schuhe sind heute im Römisch-Germanischen Museum ausgestellt.

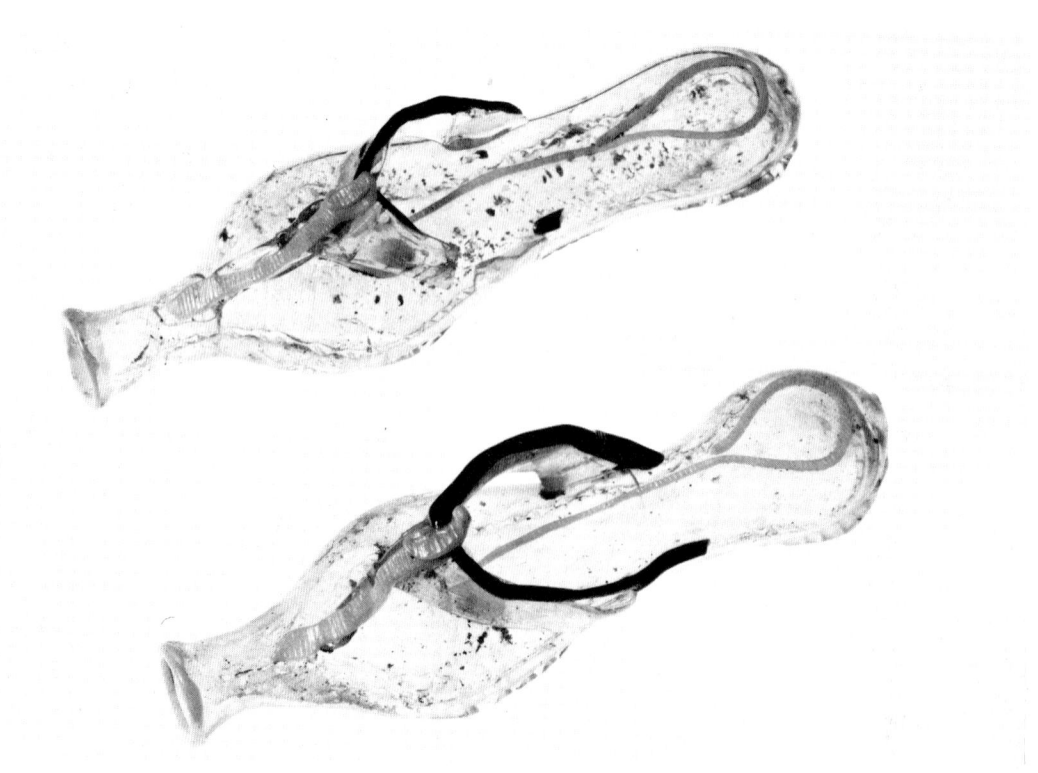

Galantes Geschenk fürs Liebchen: gläserne Schuhe als Parfümflaschen

Rechts: Das neue Kinderspielzeug — Verkaufsschlager der Saison

37

Böses Erwachen in der Hochzeitsnacht

Nicht von ungefähr scheint Köln heute eine Stadt der Schlemmer zu sein. Wie so vieles könnte auch dies auf die alten Römer zurückgehen. Sie erzogen die Kölner zu Feinschmeckern. Im Kölner Hafen landeten auf Schiffen die herrlichsten Delikatessen aus der ganzen Welt. In kaum einer anderen römischen Kolonie fanden die Archäologen bei Ausgrabungen so viele Austernschalen wie in Colonia. Besonders üppig ging es natürlich bei großen Festen, wie etwa bei einer Hochzeit, zu.

Im Hause des Geldwechslers Gaius Aulus Sidonius, in der Südstadt, herrschte reger Betrieb. Die Händler der Straße lieferten Backwaren, Fleisch, Würste. Sie brachten Geflügel und Wild. Im Innenhof des Hauses, unter den Kolonnaden, hingen vor den Vorratskammern Hasen, Fasane. Von weit her waren Verwandte und Freunde der Familie gekommen, um an der Hochzeit teilzunehmen. Die vierzehnjährige Tochter des Gaius heiratete den neunzehnjährigen Sohn eines Kollegen, des Titus Aelius Cipernius, der ebenfalls einen Geldverleih mit Wechselstube besaß.

Die Väter wollten künftig gemeinsame Sache machen. Die Hochzeit gehörte mit zur geschäftlichen Planung. Die jungen Leute selbst waren, wie damals üblich, nicht lange gefragt worden. Sie kannten sich kaum. Eine übliche Sitte, die schon von Schriftstellern der Antike, wie Seneca, gerügt wurde: »Jedes Tier und jeden Sklaven, alle Kleider und Küchengeräte prüfen wir genau, bevor wir sie kaufen. Nur die Braut wird nicht in Augenschein genommen, damit sie dem Bräutigam nicht mißfallen kann, bevor er sie heimgeführt hat. Ist sie böse, dumm oder mißgestaltet oder riecht sie aus dem Mund, welche Fehler sie auch immer hat, so lernen wir sie erst nach der Hochzeit kennen.« Ähnlich enttäuschtes Erwachen nach der Hochzeitsnacht gab es natürlich genausooft für die Frau.

Nun, die junge Braut Paulina hatte zumindest keine äußerlichen Fehler. Sie war hübsch, jedoch auch ängstlich. Bisher hatte sie in der strengen Obhut des Elternhauses gelebt. Nun kam sie in die Abhängigkeit eines Ehemannes, dem der Ruf eines Schürzenjägers vorausging.

Nach altem Ritus hatte sie am Vortag ihre bisherige Mädchenkleidung zusammen mit ihren Puppen den Göttern geweiht. Dann wurden ihr vor dem Schlafengehen das neue Frauengewand angelegt, die langen blonden Haare in ein rotes Netz hochgesteckt. Warum es just ein rotes Haarnetz sein mußte, das wissen die Archäologen nicht zu sagen. Besondere Nachtkleidung kannte man damals übrigens kaum.

Für die Aussteuer und Hochzeitsfeier mußte — wie noch heute üblich — der Brautvater sorgen, was ihn teuer zu stehen kam. Das dürfte einer der Gründe dafür gewesen sein, daß die Römer lieber Söhne als Töchter hatten.

Mit kostbarem Schmuck (Geschenk des Bräutigams) und mit einem roten Schleier verhüllt, wurde Paulina von ihrem Vater vor den Hausaltar geführt, wo ein Priester, Trauzeugen und der Bräutigam ihrer harrten. Ein Händedruck besiegelte den Bund fürs Leben.

Lockenpracht für die Hochzeitsnacht

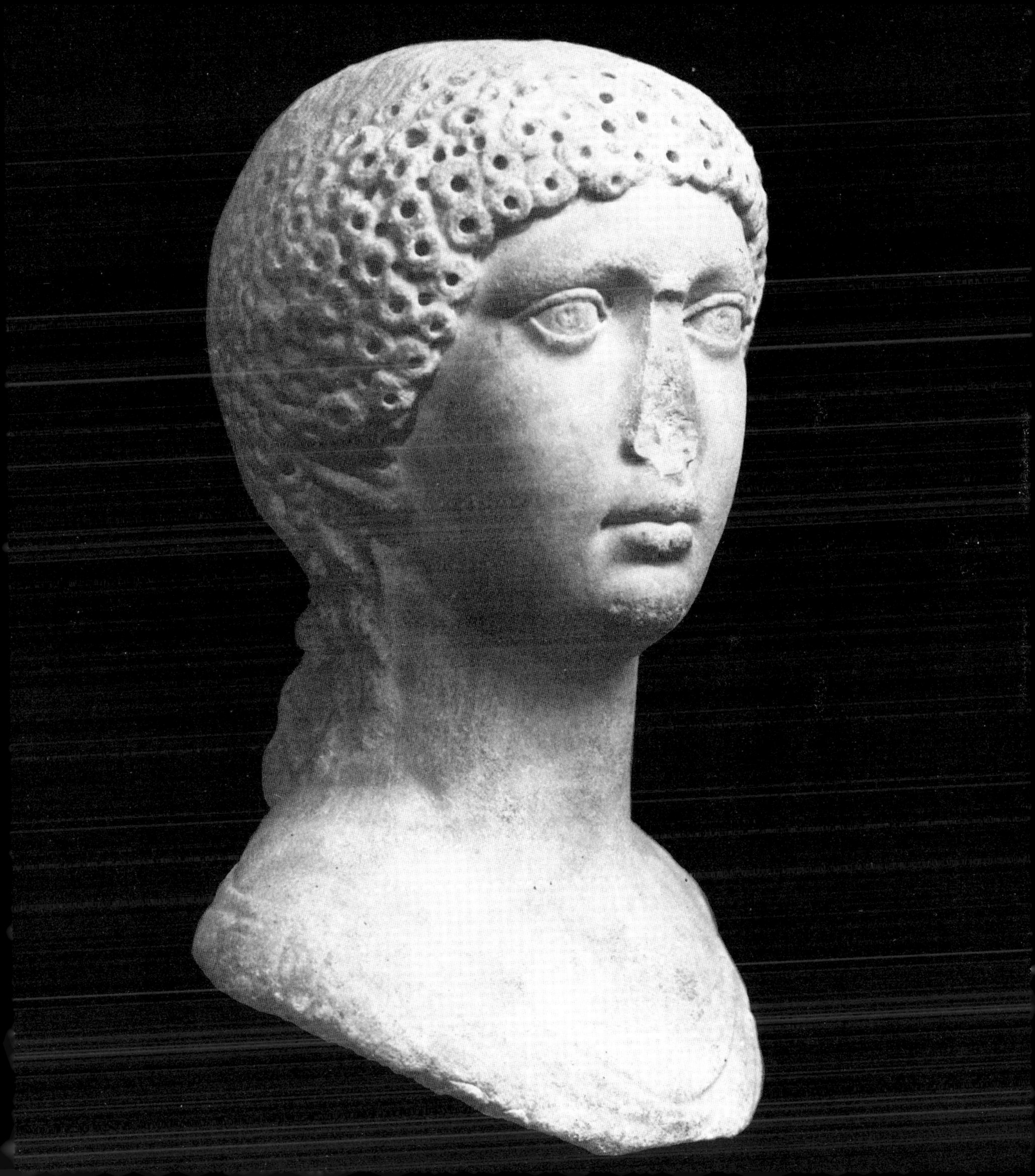

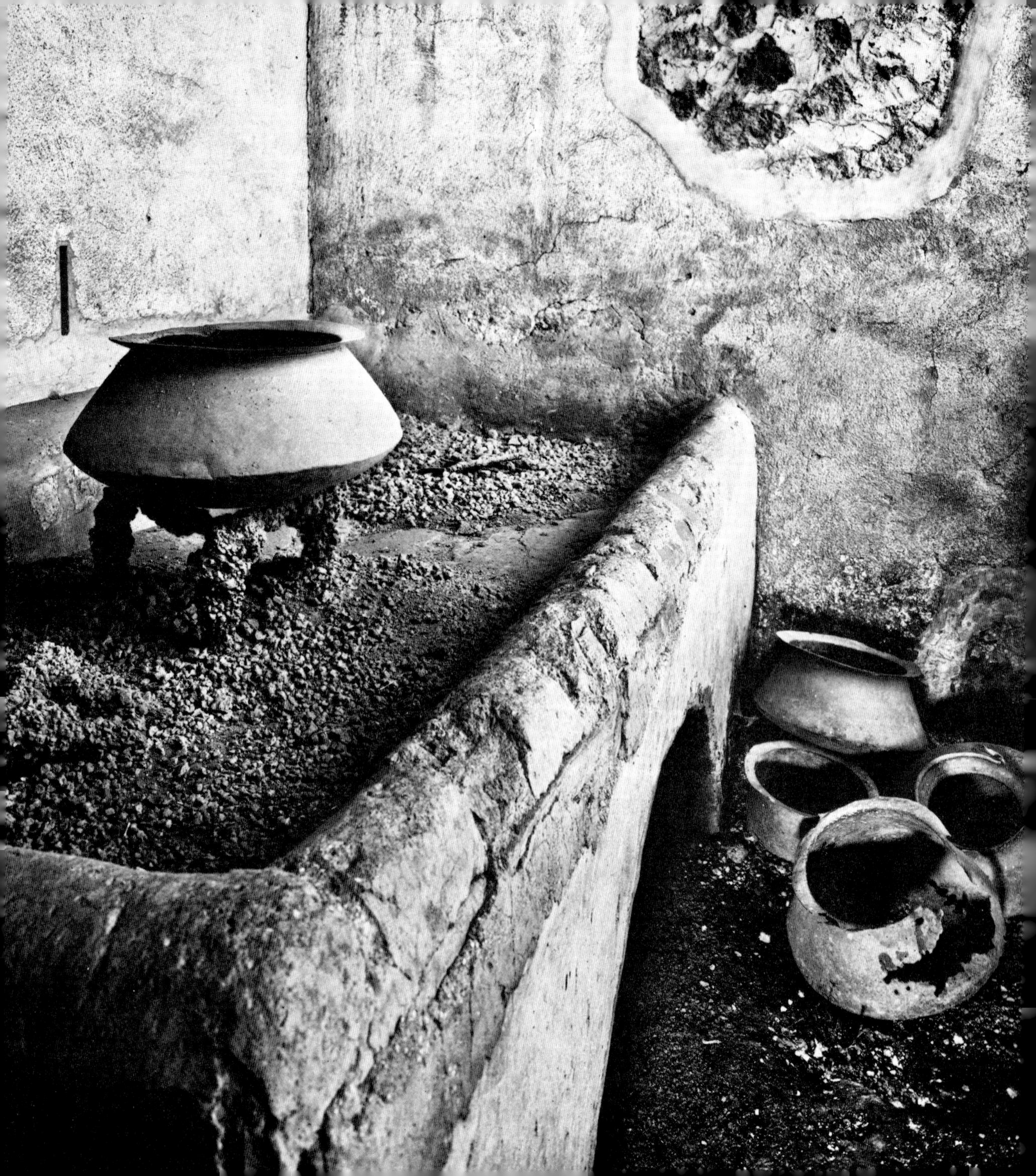

Ob fürs ganze Leben, mußte sich zeigen. Denn schon in römischer Zeit hatten die Frauen zunehmend an Selbständigkeit gewonnen. Ein neues Gesetz im 2. Jahrhundert nach Chr. erlaubte ihnen, über ihr Vermögen (sofern vorhanden) und einen Teil ihrer Mitgift selbst zu bestimmen. Das gesellschaftliche Leben veränderte sich dadurch sehr. Römische Schriftsteller schrieben in satirischer Form von haarsträubenden »Pantoffel-Regimenten«, von Scharen von Liebhabern untreuer Ehefrauen. Folge: Die Scheidungsquoten stiegen rapide an.

So war es zumindest in Rom und so wird es, wenn auch in geringerem Ausmaß, in der römischen Provinzstadt Colonia Claudia gewesen sein.
Doch zurück zur Hochzeit der kleinen Paulina. Nach dem alles entscheidenden Händedruck machten es sich die Gäste auf den Speisesofas (triclinium) bequem, zogen die Sandalen aus und legten sich nieder. Sie hatten besonders weite, lockere Gewänder angezogen. Die Sitte, beim Essen zu lagern, war von den Griechen übernommen worden. Das schwierige Verfahren, bei Tisch graziös mit Messer und Gabel zu hantieren, brauchten die Römer nicht zu erlernen. Sie aßen mit den Fingern. In ihrer Lage ging das auch gar nicht anders.

Den einen Arm weich auf Kissen gebettet, ließen sich die Hochzeitsgäste von den Bediensteten kleine Teller reichen, auf denen die Speisen mundgerecht in kleine Happen geschnitten waren. Den Teller in der Hand des aufgestützten Armes, wurden die Happen mit den Fingern der anderen Hand genommen. Auf niedrigen Tischen standen außerdem Trinkbecher, Gewürze (Salz, Saucen, Kräuter), Brotfladen, Wasserschalen für die Finger, die entsprechend oft gesäubert, mit Servietten getrocknet werden mußten.

Das Hochzeitsmenü im Hause des Geldwechs-

Küchenreich der Hausfrau

lers Gaius war vielleicht so zusammengestellt worden: Vorspeise — Kürbis mit Huhn, dazu eine kalte Sauce und Mulsum-Honigwein. Hauptgericht — Spanferkel in Wein à la Trajan (porcellum Traianum); als Getränk gab es Wein mit Wasser gemischt. Zum Nachtisch wurde hausgemachte Süßspeise (dulcia domestica) mit Datteln gereicht. Die Datteln hatte der Brautvater eigens aus Rom kommen lassen.

Der Wein floß in Strömen. Die Stimmung der Hochzeitsgesellschaft wurde immer ausgelassener. Zweideutige Witze machten die Runde. Musikanten spielten mit Flöten, Trommeln, Handharfen zum Tanz auf. Und die Brautjungfer Julia ließ sich von dem Vetter aus Trier, einem Nichtsnutz, der von dem Vermögen seines Vaters lebte und mit seinen Erlebnissen am Kaiserhof in Rom prahlte, den Hof machen.

In Rom, so wußte der Vetter zu berichten, würden bei den Gastmählern der Reichen oft makabre Streiche gespielt. Einige Gäste wurden auf luftgefüllte Polster komplimentiert, die sich plötzlich entleerten, so daß die Bedauernswerten unter den Tisch fielen. Oder man ließ, wenn die Gäste betrunken waren, wilde Tiere, denen man vorher die Zähne ausgebrochen hatte, in den Raum, wodurch die Anwesenden zu Tode erschrecken. Am nächsten Morgen pflegte der Gastgeber zur Versöhnung allerdings kostbare Geschenke nachzuschicken: Schmuck, Tiere, Sklaven.

Gastmähler, so schrieb der Dichter Ovid, waren den Frauen, seitdem sie, wie die Männer, liegen durften, ihrer Tugend gar gefährlich geworden. Auch Julias Widerstand schien unter den feurigen Reden des Vetters zu erlahmen.

Die Hochzeitsfeier dauerte bis zum Morgengrauen. Nach einem ausgiebigen Katerfrühstück beschlossen die Gäste vor der Abreise, zusammen mit dem jungen Ehepaar einen Erholungsbesuch in den Thermen zu machen.

Rezepte

Marcus Gavius Apicius ging mit einer nahrhaften Wohltat für die Menschheit in die Geschichte ein: er ist der berühmteste Autor von Kochrezepten der antiken Welt. Als Geburtsdatum wird das Jahr 25 v. Chr. angenommen. Als Kaiser Tiberius zum Herrscher ausgerufen wurde, soll Apicius 40 Jahre alt gewesen sein.

Seine Art zu Leben und zu Essen muß ganze Heerscharen von Klatschtanten beschäftigt haben. Denn alles an ihm war ungewöhnlich. Als Feinschmecker und Erfinder extravaganter Gerichte wurde er berühmt und zum Star großer Festgelage. Seine Rezeptschriften wurden viel gelesen und benutzt.

Selbst der Tod dieses Mannes war ungewöhnlich. Apicius war ein reicher Römer. Doch er verpraßte sein Vermögen bei Gastmählern. Als er eines Tages feststellte, daß er noch 10 Millionen Sesterzen hatte, schien ihm das Leben nicht mehr lebenswert und er beendete es freiwillig. Er griff — ganz untypisch für ihn — nicht zu einer letzten Delikatesse, sondern zu Gift.

Sein Name und seine Rezepte jedoch wurden unsterblich. Sie waren auch in Germanien und sicherlich auch in Köln bekannt. Die Tatsache, daß im neunten Jahrhundert n. Chr. in deutschen Klöstern noch Handschriften mit seinen Rezepten im Umlauf waren, beweist seinen Ruhm auch hierzulande. Und bei Festen, wie großen Hochzeiten, wurde auch in Köln nach seinen Vorschlägen geschlemmt.

Zum Beispiel so:

Vorspeisen

Zucchini à la Alexander

Zucchinis kochen, abtropfen, mit Salz bestreuen und in eine Pfanne legen. Gewürze kleinstampfen (Pfeffer, Kümmel, Koriandersamen, frische Minze, liquamen — eine Art Fischsauce oder ersatzweise Salz oder Worcestersauce und Pinienkerne). Alles gut mit Honig mischen, Essig, Wein, Öl hinzufügen und zusammen mit den Zucchinis noch einmal aufkochen und servieren.

Zucchini mit Huhn

Huhn kochen, Zucchini leicht dünsten, dazu eine kalte Sauce servieren. Zutaten für die Sauce: Pfirsich, Trüffel, Pfeffer, Kümmel, Silphium, frische Kräuter wie Minze, Sellerie, Koriander, Flohkraut zerstampfen und mischen, Honig, Wein, Fischsauce (oder Worcestersauce), Öl und Essig hinzufügen und verrühren.

Töpfe und Tiegel, Pfannen und Kannen

Hauptgerichte

Gefüllter Hase (Leporem Farsum)

Zutaten für die Füllung: Pinienkerne, Mandeln, gehackte Nüsse oder Bucheckern, Pfefferkörner, Eingeweide des Hasen und aufgeschlagene Eier (zwei Stück) zum Binden, Hasen in Schweinespeckscheiben (oder Papier, damit er nicht zutrocknet) hüllen und im Backofen braten. Dann Sauce zubereiten: Raute, reichlich Pfeffer, Zwiebel, Bohnenkraut, Datteln, Würze und Würzwein. Zutaten so lange kochen lassen, bis alles dick wird. Sauce über den Hasen gießen und eine Weile ziehen lassen.

Hirschbraten mit heißer Sauce (In Cervum assam inra ferventia)

Hirschfleisch in der Röhre braten und mit folgender Sauce servieren:
Zutaten: 250 g gedörrte, herbe Backpflaumen, 1½ Glas Rotwein, kleiner Eßlöffel Honig, ½ Glas Essig, Salz oder Würzsauce, etwas Öl, Pfeffer und Kräuter (Liebstöckel, Petersilie, Lauch, Bohnenkraut). Pflaumen vorher einweichen, dann stampfen und unter die Zutaten mischen. Das Ganze unter häufigem Umrühren etwa eine Stunde kochen bei geringer Wärme, bis es dicke, püreeartige Sauce ist. Falls sie weniger dick sein soll, mehr Wein nehmen. Sauce kann auch für Rehbraten genommen werden.

Fisch im eigenen Saft (Ius in pisce elixo)

Fisch sorgfältig reinigen (Schellfisch oder Heilbutt), Salz, Korinandersamen im Mörser fein zerstampfen. Fisch darin wälzen und in feuerfeste Auflaufform legen. Deckel mit Staniolpapier abdichten. Fisch soll im eigenen Saft ziehen. Bei mittlerer Hitze garen. Zeit bei größerem Fisch — 4–5 Personen — 30 Minuten. Mit Zitrone oder Essig nach dem Garen beträufeln und servieren.

Süßspeisen

Hausgemachte Süßspeise (dulcia domestica)

Datteln entsteinen, mit Nüssen, Pinienkernen oder gemahlenem Pfeffer stopfen. In Salz wälzen, mit Honig in der Pfanne zum Kochen bringen. Sehr heiß servieren, da der Honig sonst beim Erkalten klebrig wird.

Eiercreme (Tyropatinam)

Milch (Menge richtet sich nach Topf) mit Honig wie für einen Brei mischen. 5 (bei ½ Liter Milch) Eier oder 3 Eier (bei ¼ Liter Milch) hinzugeben, alles verrühren und durch ein Sieb passieren. In irdenem Topf auf kleinem Feuer kochen. Wenn die Masse steif ist, mit Pfeffer bestreuen und servieren.

Heiratsmarkt und Scheidungsgrund

Wer heute manchmal nicht recht weiß, wie er seine Gäste unterhalten soll, hätte dieses Problem zur Römerzeit leichter gelöst. Freunde wurden zum gemeinsamen Bade eingeladen, zu einem Besuch in den Thermen. Die Thermen waren nicht nur der sauberste, sondern auch der unterhaltsamste Ort der Stadt. Ein Ort, an dem sich die Kölner entweder nach der Arbeit oder nach durchzechter Nacht pflegen ließen. So war es nicht ungewöhnlich, daß der Geldwechsler Gaius Aulus Sidonius nach der Hochzeitsfeier für seine Tochter die übriggebliebenen Gäste am nächsten Morgen mit in die Sauna nahm. Die Thermen an der Cäcilienstraße lagen in der Nähe seines Hauses.

Schwimmanzüge, Handtücher, Seife, Badehaube brauchte damals keiner einzupacken. Die Damen legten lediglich einen winzigen Lendenschurz an, die Herren wandelten im Adamskostüm. Wen wundert's, daß es recht großzügig und gemischt in den Badeanstalten zuging. Selbst in den Provinzen waren die Badehäuser nach dem Vorbild Roms ungewöhnlich luxuriös gebaut, mit viel Marmor, Mosaiksteinen und kunstvollen Wandmalereien. Es gab zwar sittenstrenge Kaiser, die die gemeinsamen Badefreuden zwischendurch verboten und getrennte Frauen- und Männertrakte bauen ließen. Aber solche Verordnungen wurden nicht lange befolgt.

Die Thermen waren Heiratsmarkt und Scheidungsgrund zugleich. Zumindest boten sie oft genug Stoff zum Ehekrach.

»Wer keinen Streit führt, ist unverheiratet.« An diesen Ausspruch des römischen Rechtsanwalts Varius Geminus mußte der Vetter der jungen Ehefrau Paulina denken, als er sah, wie sie ihrem Mann, kurz nach der Hochzeitsnacht, eine deftige Eifersuchtsszene machte.

Es war vielleicht doch keine so gute Idee, gemeinsam in die Thermen zu gehen. Der Aufenthalt dort war morgens am schönsten. Die Badräume waren angenehm leer. Denn zu dieser Stunde konnten nur reiche Kölner, die andere für sich arbeiten ließen, das süße Nichtstun genießen. Am Feierabend, wenn die übrigen Bürger auch in die Fluten stiegen, verschwammen die Grenzen zwischen arm und reich. Denn diese Badefreuden konnte sich jeder leisten.

Was sich der frischgetraute Ehemann Claudius allerdings an jenem Morgen leistete, war seiner Frau zu viel. Er saß am Schwimmbeckenrand und warf der hübschen Marcia, der Nichte des Bürgermeisters, bewundernde Blicke zu. Der Abschied vom freien Junggesellenleben fiel ihm offensichtlich schwer.

Aufgebracht schimpfte seine Frau Paulina auf ihn ein: »Sag mir nach bestem Wissen und Gewissen — bist du verheiratet?« Unter dem schadenfrohen Gelächter seiner Freunde gab Claudius ihr zur Antwort: »Nein, beim Herkules! Nicht nach bestem Wissen und Gewissen bin ich verheiratet.« Dann ließ er sich aber doch von ihr in den Massageraum schicken, wo Fachkräfte (anders als im sonstigen Kölner Arbeitsleben wurden hier Sklaven beschäftigt) die Kunden massierten und ölten.

Einige der Hochzeitsgäste saßen währenddessen

Waschfest in den Thermen

in den Schwitzstuben, die durch eine Fußbodenheizung (hypocaustum) erhitzt wurden. In einem durch Ziegel abgestützten Hohlraum unter dem Boden wurde von großen Kohlebecken aus Heißluft eingeführt. Wasserdampf aus erhitzten Wasserbottichen sorgte zusätzlich dafür, daß die Temperatur in dem Schwitzraum auf 40 bis 50 Grad anstieg. Wichtigstes Kleidungsstück für diese Räume waren dicke Holzpantinen, sonst verbrannte man sich die Füße.

Nach medizinischen Vorstellungen der damaligen Zeit sollten diese hohen Temperaturen dem Körper Giftstoffe entziehen und dadurch den Geist freimachen für die Genüsse der Bildung.

Den Luxus der Hypokaustenheizung gab es auch in einigen Häusern der Reichen in der Stadt. Das System der Heizung beruhte auf dem einfachen Prinzip der aufsteigenden Wärme. Für den Provinzbewohner im Norden bedeutete sie einen Fortschritt und eine Wohltat ohnegleichen.

Wahrscheinlich trug die Heizung — die Möglichkeit, ungastliche Kälte aus den Räumen zu vertreiben — mit dazu bei, daß die sonnenverwöhnten Italiker es ein halbes Jahrtausend in unserem Klima aushielten.

Als Erfinder dieses Heizsystems wird in der Geschichte ein gewisser Sergius Orata genannt, der es für seine Austernzucht nützte und dadurch zum Millionär wurde.

Seine Erfindung war einfach: über das Fundament eines Hauses legte er einen zweiten Fußboden, der von kleinen, etwa 60 Zentimeter hohen parallel laufenden Ziegelpfeilern getragen wurde. Heizer schoben dann in den Hohlraum zum Erwärmen des Bodens Reisigbündel.

Orata, nicht nur geschäftstüchtig, sondern auch praktisch denkend, fand nicht zu Unrecht, was den Austern gut bekommt, kann auch ihm nicht schaden, und baute auch in seinem Wohnhaus eine Heizung ein.

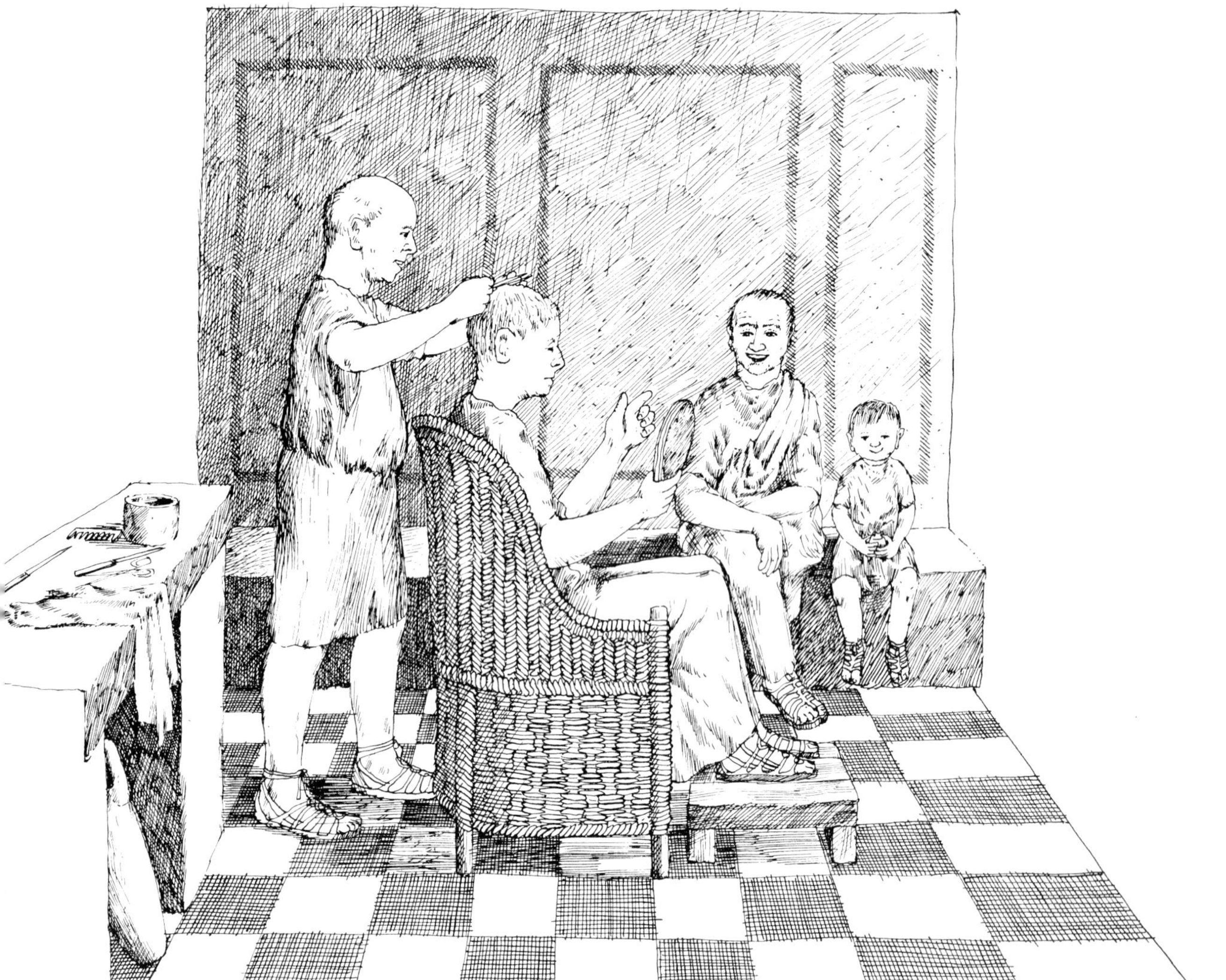

Seine Idee wurde später durch andere, ebenfalls wärmebedürftige Zeitgenossen noch verbessert. Man baute Tonröhren oder Hohlziegel in die Wände ein, so daß die Heißluft zirkulieren und sich in den Räumen eine behagliche Wärme ausbreiten konnte. Der Fußboden, aus einer Lage Ziegelsteine, einer Tonschicht und einem Stein- oder Marmorbelag bestehend, konservierte die Wärme sehr lange. Ein Thermostat wie heute, zur Regulierung der Wärme, gab es natürlich noch nicht, es gab einfachere Wege dazu.

Die Temperatur ließ sich durch die Verwendung des Brennmaterials regeln. Man verfeuerte Reisig, Holz, getrocknetes Kraut oder Holzkohle.

Fußboden- und Wandbeheizung! Komfort vor zweitausend Jahren. Wir entdecken ihn heute wieder neu und müssen ihn teuer bezahlen.

Damals veränderte diese Entwicklung den Alltag der antiken Gesellschaft wie kaum etwas anderes. Bis zu jenem Tag hatte man mehr so etwas wie eine Katzenwäsche gepflegt und sich täglich nur Gesicht, Hände und Beine gewaschen. Lediglich einmal die Woche stieg die Familie in einen Bottich. (Sehr viel sauberer ist die Menschheit im Laufe des Fortschritts gar nicht geworden. Denn auch heute noch baden sich viele nur einmal in der Woche, meist samstags.) Der einzige Unterschied zu damals? Wir steigen heute gewöhnlich in eine breite Badewanne. Die Römer hatten zum gleichen Zweck einen Bottich neben der Küche, in einem kleinen, dunklen Raum, der gleichzeitig als Abort benutzt wurde. Die Kombination Bad und Latrine (deshalb lavatrina genannt) hat sich bis heute erhalten. Nur eins ist anders: damals lag die Badestube neben der Küche, damit das verbrauchte Wasser abfließen und zugleich alles übrige wegspülen konnte.

In großen Töpfen wurde das Badewasser auf dem Küchenherd erwärmt. Das neue Heizsystem machte es auf einmal möglich, große Mengen von Badewasser zu erwärmen.

Und mit einem Schlag verbreitete sich die Sitte des täglichen Badens. Überall wurden Thermen gebaut. So auch in Köln.

Wasserfreunde konnten sich in den Thermen mehrere Stunden lang amüsieren. Es gab Räume zum Kalt- und Warmbaden, Schwimmbassins, Räume, in denen man mit Eimern kalt oder warm abgeduscht wurde. Parfümeure, Friseure, Haarentferner sorgten in Kosmetiksalons für das weitere Wohlbefinden.

Die Barthaare der Männer wurden nicht abrasiert, sondern ausgezupft. Zur Schönheitspflege gehörte auch das gründliche Einreiben des Körpers mit wohlduftenden Ölen, die hinterher mit einer gebogenen Bronzekelle (strigilis) abgeschabt wurden. Zum Waschen der Hände war eine Art Schlämmkreide bekannt.

Spezielle Schönheitssalons für die Damen gab es natürlich auch. In Töpfen und Tiegeln standen Öle und Salben bereit, um den Körper zum Duften, das Schmelz der Zähne zum Glänzen zu bringen, den Atem rein, den Teint frisch zu machen. Mit Bleiweiß wurden Stirn und Arme bestrichen, mit Ocker oder Weinhefe Salben zum Röten von Wangen und Mund gemischt, Brauen und Wimpern wurden mit Ruß geschwärzt oder künstliche angeklebt. Selbst gegen Sommersprossen waren Mittelchen bekannt, und sogar kosmetische Operationen waren keine Seltenheit. Solchermaßen eitel, mußte sich die Damenwelt den Spott antiker Schriftsteller gefallen lassen. Martial schrieb zum Beispiel: »... in hundert Büchsen bist du enthalten, Galla, und dein Gesicht schläft nicht mit dir.«

Mehr als heute waren auch die Männer auf kosmetische Nachhilfe bedacht. Sie benutzten

Barbier, bitte den Scheitel links!

So mancher Würfel war gezinkt

ebenfalls Schminke und Schönheitspflästerchen und Parfüms. Das Färben der Haare bei Frau und Mann war durchaus üblich, und beide suchten bei Haarausfall Zuflucht bei Perückenmachern.

Während sich das junge Ehepaar von Masseuren bearbeiten ließ, saß der Brautvater mit seinen Freunden bereits beim Würfelspiel in den Ruheräumen. Wie immer half er seinem Glück mit gezinkten Würfeln nach. Zwischendurch reichten Diener Obst, Getränke und sonstige Erfrischungen.

An Abwechslung mangelte es wirklich nicht. Wer wollte, konnte im Freien turnen, sich sonnen oder unter den Kolonnaden des Innenhofs flanieren. Oft suchten Gaukler die Aufmerksamkeit der Badegäste durch Kunststücke auf sich zu ziehen. Besonders einer erntete immer Beifall, der einen dressierten Affen vorführte und seinem Hund beigebracht hatte, auf ein Zeichen hin eine Leiter zu erklettern. In elegant eingerichteten Aufenthaltsräumen konnte man sich schließlich unterhalten oder Geschäfte abschließen. Auch »chambres séparées« fehlten nicht.

Es gab Lehrer - aber keine Schulen

Lesen, Schreiben oder Rechnen — diese drei Dinge konnten die Kölner bereits vor 2000 Jahren erlernen. Wer arm war, schickte seine Kinder vom sechsten bis vierzehnten Lebensjahr auf staatliche Elementarschulen, in denen der Unterricht kostenlos war. Schulpflicht bestand nicht. Schon damals bewahrheitete sich jedoch der kölsche Spruch: »Wat nix koß, es och nix.«

Die städtischen Lehrer waren schlecht ausgebildet und schlecht angesehen. Fehlendes Wissen ersetzten sie vor allem durch Prügel. Die Kinder lernten wenig. Ganz anders ging es auf den teuren Privatschulen zu, die nur von Kindern der Oberschicht besucht wurden. Dort erzogen hervorragende Pädagogen die Schüler zu redegewandten Philosophen, denn Hauptunterrichtsfächer waren Rhetorik, Grammatik und Literatur.

Der zehnjährige Tiberius, Sohn des Zimmermanns Titus Gesatius, dessen Werkstatt in der Nähe des Nordtores lag, gehörte zu jenen Kindern, denen die Lust an der Schule regelrecht ausgeprügelt wurde. Verständlich, daß er den Göttern für jeden schulfreien Tag dankte. Und heute hatte er schulfrei. Heute war großes Familienfest. Verwandte und Freunde kamen, um mitzuerleben, wie sich der älteste Sohn des Zimmermanns, Titus (15), in die Bürgerliste eintrug und zum erstenmal die Männertoga anlegte.

Titus war jetzt mündig (Mädchen wurden bei der Heirat mündig, oft schon mit zwölf Jahren), konnte am öffentlichen Leben teilnehmen. Theoretisch stand ihm auch eine Karriere im öffentlichen Dienst offen. Er kam jedoch aus kleinen Verhältnissen, die Chance war gering.

Bitte recht freundlich: Porträt einer ubischen Familie

Tiberius beneidete seinen Bruder. Er hätte auch gerne seinen Kinderkittel aus grobem, kratzigem Tuch (die Mutter kannte noch keine Weichmacher) mit dem Hüftgürtel gegen das schmucke, weiße Leinen eingetauscht. Heimlich hatte er eine solche Toga schon einmal anprobiert, um zu sehen, ob er die Falten genauso schwungvoll wie die Erwachsenen drapieren und auf der Schulter mit der Spange festhalten konnte.

Die Vorbereitungen für das Festessen waren in vollem Gange. Es sollte »Leporem farsum« — gefüllten Hasen — geben. Onkel Marcus Valerius, ein kleiner ubischer Gemüsebauer aus der

Eifel, war samt seiner Familie extra mit der Kutsche eines privaten Reiseunternehmens nach Köln gekommen. Jetzt saß er mit seinem jüngsten Neffen Tiberius im Innenhof des Hauses und ließ sich die »Schulhefte« zeigen, kleine, in Holz gerahmte Wachstäfelchen, die mit einer Kordel zusammengebunden waren.

Als Schreibmaterial war damals auch schon Pergament aus Tierhäuten und Papyrus, gepreßtes Mark der Papyrus-Staude, bekannt, doch beides war sehr teuer. Man schrieb mit schwarzer, manchmal auch roter Tinte. Geheimbotschaften oder verbotene Liebesbriefe wurden mit unsichtbarer Tinte oder in Geheimschrift verfaßt.

Bücherrollen lagen seit dem 2. Jahrhundert nach Chr. nur in öffentlichen Bibliotheken und in den Regalen reicher Kölner. Theaterstücke oder Gesetzesvorlagen wurden meist auf Papyrusrollen geschrieben. Eine unhandliche Lektüre von mehreren Metern Länge, die nur mit Hilfe eines Stocks bewältigt werden konnte. Mit ihm wurde die Rolle beim Lesen erst auf-, später zurückgerollt. Um den Papyrus vor Motten und Feuchtigkeit zu schützen, wurde er mit Zedernöl bestrichen. Daher die goldgelbe Farbe alter Rollen.

In der Schule und auch im täglichen Geschäftsleben waren die sehr viel praktischeren Wachstäfelchen im Umlauf. Auf einer Wachstafel durfte man sich auch Fehler erlauben. Und Tiberius machte oft Fehler. In dem einen Satz »Ego scribo sine manu« — ich schreibe ohne Hand — machte er gleich drei Rechtschreibfehler. Verlegen griff Tiberius nach seinem gespitzten Griffel und strich mit dem breiten Stielende das Wachs glatt und machte »tabula rasa« — geglättete Tafel —, das ist die ursprüngliche Bedeutung dieses heute noch verwendeten Ausspruchs.

Onkel Marcus schüttelte nachdenklich den Kopf. Der Junge machte ihm Sorgen. Aber er wußte ja, woran das lag. Die Privatschulen mit jenen Pädagogen, die in Rhetorikschulen in Rom ausgebildet worden waren, kosteten ein Vermögen — bis zu 100 Denare im Jahr. Das war fast das halbe Jahresgehalt eines römischen Soldaten. Der Vater von Tiberius verdiente jedoch als Zimmermann weniger als ein Soldat. So mußte er seinen Sohn den schlecht bezahlten und schlecht ausgebildeten Lehrern in städtischen Schulen anvertrauen.

Das Ergebnis war miserabel. Da die Schüler aller Jahrgänge immer gemeinsam unterrichtet wurden, lernten sie wenig. Die Zahl der Analphabeten in Köln blieb hoch, was öffentlichen Briefschreibern und Vorlesern lange Jahre der Hochkonjunktur bescherte. Stenographen, die eine Art Kurzschrift beherrschten, gab es übrigens auch schon.

Was heute viele nur heimlich tun, mit den Fin-

Lateinstunde: ein Graus für die Ubier

Schulbau gefunden haben, hat seinen Grund. Es gab keine speziellen Schulhäuser. Der Unterricht wurde unter Kolonnaden in der Nähe des Forums abgehalten. Vor den Blicken neugieriger Passanten schützte die Eleven lediglich ein dünner Vorhang. Bei schlechtem Wetter saßen die Kinder im Durchzug. Waren sie dann verschnupft, schickten die Kölner Mütter dem Lehrer die Entschuldigung auf Wachstäfelchen ins Haus.

gern rechnen, war zur Römerzeit ein offizielles Lehrfach. Tagelang waren die Schüler damit beschäftigt, die ausgeklügelte Methode des Fingersystems zu erlernen. Wem das Rechnen selbst mit Fingern noch schwerfiel, griff zu einem Rechenbrett.

Wichtige Schulbücher, vor allem an den Privatschulen, waren lateinische Übersetzungen der griechischen Heldenepen von Homer, »Ilias« und »Odyssee«, und das römische Gegenstück von Vergil, die »Äneis«.

Mädchen wurden nur selten zur Schule geschickt. Selbst in reichen Familien wurde mehr Wert auf häusliche Tugenden denn auf geistige Bildung gelegt. Der Ausspruch »Mulier taceat in ecclesia« — Die Frau schweige in der Gemeinde — zeigte, was man von ihr erwartete.

Daß die Archäologen in Köln bisher keinen

Zum Schwatz in die Latrinen

Wer im spätrömischen Köln Bürgermeister werden wollte, mußte schon was im Säckel haben, sonst ging er schnell am Bettelstab. Wenn die Stadt in die roten Zahlen geriet, hatte er das Defizit aus der eigenen Tasche zu stopfen. Da sich unter diesen Umständen nach einigen Jahren ernster Wirtschaftskrisen kein Reicher mehr freiwillig für dieses Amt fand, wurde mancher durch ein Gesetz dazu gezwungen. Das Amt wurde schließlich erblich und die Söhne mußten weiter im Dienste des Staates blechen.

Neben vielen Pflichten hatte der Bürgermeister aber auch unübersehbare Privilegien. Bei öffentlichen Auftritten oder bei einem Besuch im Amphitheater wurde ihm der Amtssessel, die »sella curulis«, hinterhergetragen. Auf Wegen durch die Stadt gingen außerdem zwei Bedienstete mit den Zeichen seiner Amtsgewalt, zwei Rutenbündeln, voraus.

Gelegentlich hieben sie mit ihnen auch auf Passanten ein, um in den engen Gassen Platz für ihren Herrn zu schaffen. So schlug sich der Bürgermeister recht und schlecht durch das Kölner Leben. Das Sprichwort des Ovid: »Bene vivit, qui bene latet« — »Richtig lebt, wer unauffällig lebt«, scheinen die Stadtväter nicht beherzigt zu haben.

Die Ubier kannten keine geschriebenen Gesetze, und zur Absprache wichtiger Dinge riefen sie eine Volksversammlung unter freiem Himmel ein, meist bei Neu- oder Vollmond.

Unter römischer Herrschaft lernten sie dann erstmals eine geregelte Verwaltungsbürokratie kennen. Nach Ernennung zur römischen Kolonie (50 n. Chr.) wurde denn auch zum erstenmal ein Rat bestellt: hundert ehrenamtliche Stadträte.

Die Stadt hatte zwei Bürgermeister (zur gegenseitigen Entlastung, aber auch Kontrolle), und hohe Verwaltungsbeamte, die mit dem Rat den Magistrat bildeten. Die hundert Mitglieder des städtischen Rates wurden auf Lebenszeit gewählt und mußten mindestens 25 Jahre alt sein. Vorbedingung für dieses Amt: freie Geburt und ein Mindestvermögen von 100 000 Sesterzen, ungefähr die Jahresgehälter von 111 Soldaten. Reichtum entschied den kostspieligen Wahlkampf, und nach der Wahl mußte außerdem noch eine beträchtliche Ehrengabe an die Stadtkasse gezahlt werden. Im Gegensatz zu heute bekamen die Ratsherren keine Sitzungsgelder und keine Aufwandsentschädigungen.

Dienstsessel des Bürgermeisters, weich gepolstert

Mit den Jahren zogen Wirtschaftskrisen herauf. Der Stadt drohte der Bankrott. Daraufhin erließ der römische Kaiser ein Gesetz, das die Ratsmitglieder und Bürgermeister verpflichtete, das Defizit mit eigenem Vermögen auszugleichen. Damit der Kreis der in Frage kommenden Geldleute größer wurde, ordnete Kaiser Konstantin (312 nach Chr.) in einem Brief an die Agrippinenser an, daß auch die reichen Juden zum Rat zugelassen werden müßten.

Nach Bekanntmachung dieser Verfügung brach ein Tumult im Stadtrat aus. Denn bisher war streng darauf geachtet worden, die Juden von diesen hohen Repräsentationsämtern auszuschließen. Auch anderen Randgruppen war diese Karriere verschlossen geblieben: öffentlichen Ausrufern, Besitzern von Beerdigungsinstituten, Schauspielern, Henkern, Gladiatoren.

Im dritten und vierten Jahrhundert nach Chr. ist es in Köln nicht mehr attraktiv, reich zu sein. Zumindest durfte man nicht so reich sein, um Bürgermeister oder Stadtrat werden zu müssen. Nach fast tausend Jahren ist heute nur noch der Name des Bürgermeisters Masclinius Maternus bekannt. Er war Oberpriester und besaß wohl ein Landgut bei Zülpich.

Geschichte machte auch der Kölner Kämmerer Quintus Vettius Severus. Er galt als erfolgreicher Neureicher. Seine Karriere ging steil nach oben: Stadtrat, Dezernent der Bau- und Sittenpolizei, Bürgermeister, Kaiserlicher Gemeindeaufsichtsbeamter, Oberpriester.

Alles, was die öffentlichen Angelegenheiten in der Stadt betraf, mußte übrigens der Rat genehmigen. Er verwaltete das Stadtvermögen, prüfte Rechnungsablagen, legte das Stapelrecht am Hafen fest, kümmerte sich um öffentliche Latri-

... und über allem wacht Jupiter

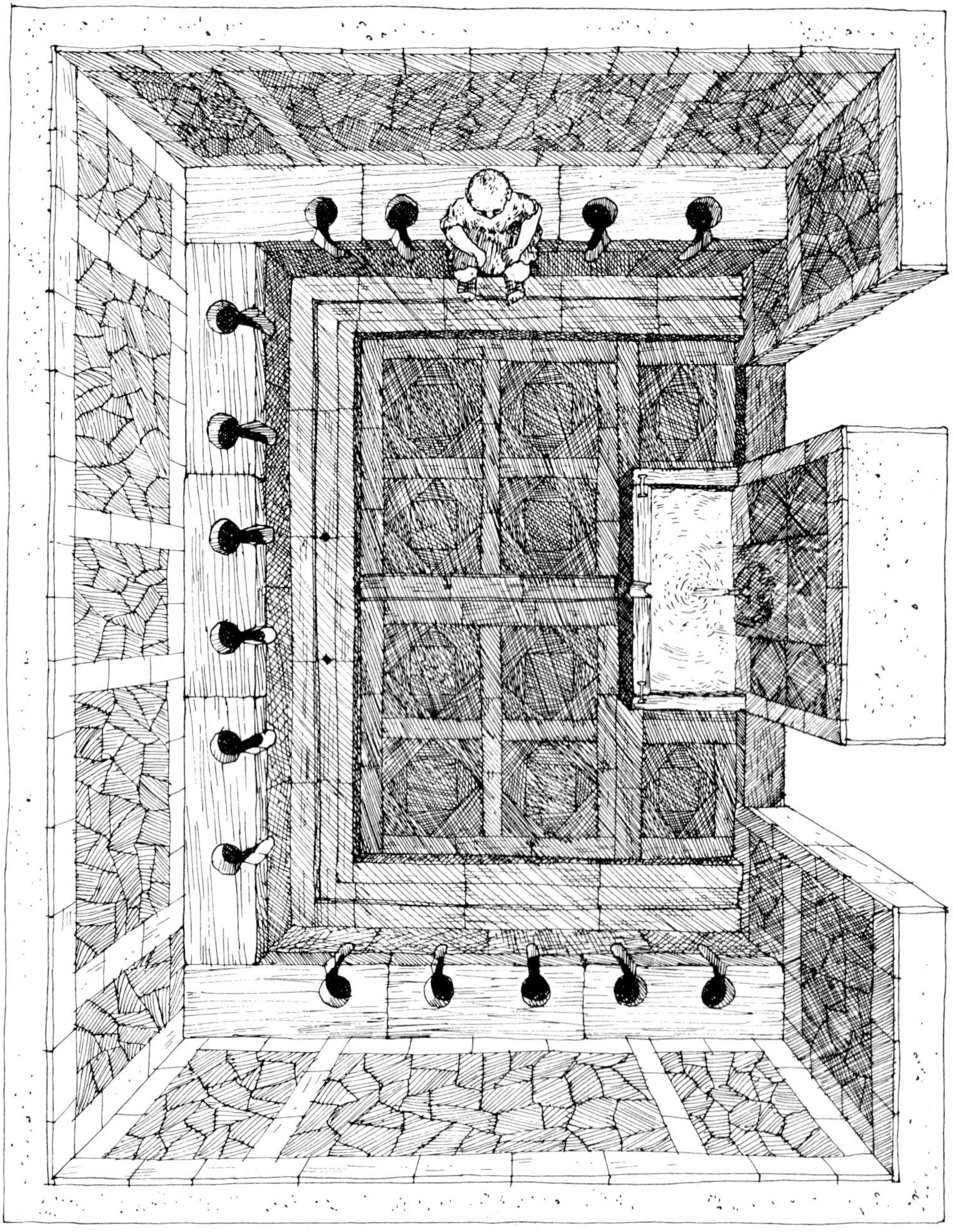

nen, um die Zuteilung von Wasser, die Ausrichtung von Spielen. Und wenn zum Beispiel der Gemüsehändler Agricola für seinen Stand an der Marzellenstraße eine Erlaubnis brauchte, mußte der Rat ebenfalls darüber entscheiden. Als Unterlage reichte Agricola eine gewachste Holztafel ein, auf die er seinen Antrag mit einem Griffel einritzte.

Auch damals waren die Ratssitzungen zum Teil schon öffentlich. Die Ratssitzung an den Iden des Juli (15. Juli) 164 nach Chr. war besonders gut von Bürgern besucht. In Vertretung des Bürgermeisters leitete Kämmerer Quintus Vettius Severus die Sitzung. Er war bestürzt, wie viele Ratsmitglieder fehlten. Die meisten schienen schon auf ihre Landgüter gefahren zu sein.

Drei Punkte stehen auf der Tagesordnung. 1. An der Ecke Budengasse/Hohe Straße brach ein Kanal, die Straßendecke ist abgerutscht. Der Ölhändler Septimius ist nachts in das Loch gestürzt und hat ein Bein gebrochen. Er verlangt Schadenersatz. 2. Eingabe des Bürgers Marcus Cocceius Dasius über Geruchsbelästigung durch öffentliche Latrinen an der Schildergasse. 3. Anträge zur Aufstellung von Weihedenkmälern an die Matronen (Muttergottheiten) am Appellhofplatz.

Nach langer, ermüdender Diskussion werden folgende Beschlüsse gefaßt: dem Bürger mit dem gebrochenen Bein drückt der Rat sein Bedauern aus, Schmerzensgeld gibt es nicht. Die Straßendecke wird mit neuem Grobkies ausgebessert und gestampft.

Von den vier Weihedenkmälern, die reiche Bürger aufstellen wollen, weil ihnen die Götter geholfen haben und sie ein Gelübde erfüllen möchten, werden nur zwei genehmigt. Der Appellhofplatz steht schon voll solcher Gedenksteine.

In der verstopften öffentlichen Latrine sollen ein zweites Abflußrohr gelegt und vier Toiletten zugemauert werden.

Jedes Viertel hatte eine öffentliche Latrine. In einem geschlossenen Raum standen 16 gemauerte Sitze, die nicht voneinander abgeteilt waren. Oft waren die Wände mit anzüglichen Ritzzeichnungen verschmiert. Vom stillen Örtchen konnte keine Rede sein. Witze und Klatsch machten die Runde.

Die Archäologen des Römisch-Germanischen Museums bedauern, daß sie bei den vielen Ausgrabungen in der Innenstadt noch keine römische Latrine gefunden haben. Dabei gehört es mit zu ihren zahlreichen Wünschen, »solche Zeugnisse der Infrastruktur aufzuspüren«. Vielleicht können sie dann auch die bisher ungeklärte Frage beantworten, ob es Gemeinschaftslatrinen oder getrennte Damen- und Herrentoiletten gab.

Öffentliche Latrine: Ort der Sammlung und der Geschäfte

Liebe und Mord in der Breite Straße

Seit Tagen gab's in der Colonia nur noch einen Gesprächsstoff: der Mord an Titus Aulus, dem Schmied von der Breite Straße. Genaues über den Hergang der Tat war noch nicht bekannt. Schilderungen von Einzelheiten stammten ausschließlich aus einer Unzahl von Gerüchten. Titus' Nachbar, der alte Tertius, hatte das alles kommen sehen. Das Drama zeichnete sich schon lange ab.

Titus Aulus hatte seine gutgehende Schmiede auf der Apernstraße, unmittelbar vor dem großen Stadttor in der Nähe der Breite Straße. Noch jüngst hatte er einen zusätzlichen Gesellen bei der Konkurrenz gekauft. Sein Haus war wohlbestellt: eine energische Frau, die Poppaea, einen Sohn und drei Töchter, zwei davon besonders hübsch und im heiratsfähigen Alter. Der Sohn arbeitete schon mit in der Schmiede des Vaters. Oft blieb der Meister über Mittag in der Schmiede und eine der Töchter brachte ihm dann das Essen.

So begann das Verhängnis.

Der 18jährige Geselle Anicetus, Stütze und Hoffnung seines Meisters, suchte, wenn Cornelia das Essen brachte, listig nach einer Gelegenheit, mit lustigen Geschichten ihre Aufmerksamkeit auf sich zu ziehen. Seine Kollegen grinsten bei seinen kleinen frivolen Späßen.

Wie er es geschafft hat, die hübsche, aber scheue Cornelia für sich einzunehmen, weiß niemand. Jedenfalls war bald ruchbar, daß die beiden liebäugelten. Ihre Verliebtheit war augenfällig. Und nach einigen Monaten ließ es sich kaum mehr verbergen, daß die sanftmütige Cornelia schwanger war.

Die Mutter hatte schon längere Zeit gemerkt, daß mit der Tochter etwas nicht stimmte. Als sich Cornelia ihr eröffnete, schickte sie erschüttert ein Stoßgebet zu ihren Matronen. »Wenn das nur gutgeht.« Völlig aufgelöst brachte sie es ihrem Mann bei. Ein unwürdiges Kind in der Familie?

An Heirat war natürlich nicht zu denken. Niemals würden sie ihre Tochter, als Freigeborene einer wohlangesehenen Handwerksfamilie, einem Sklaven zur Frau geben.

Der Schmied und sein Mörder
Rechts:... die Flucht endete im Kanal unter der Budengasse

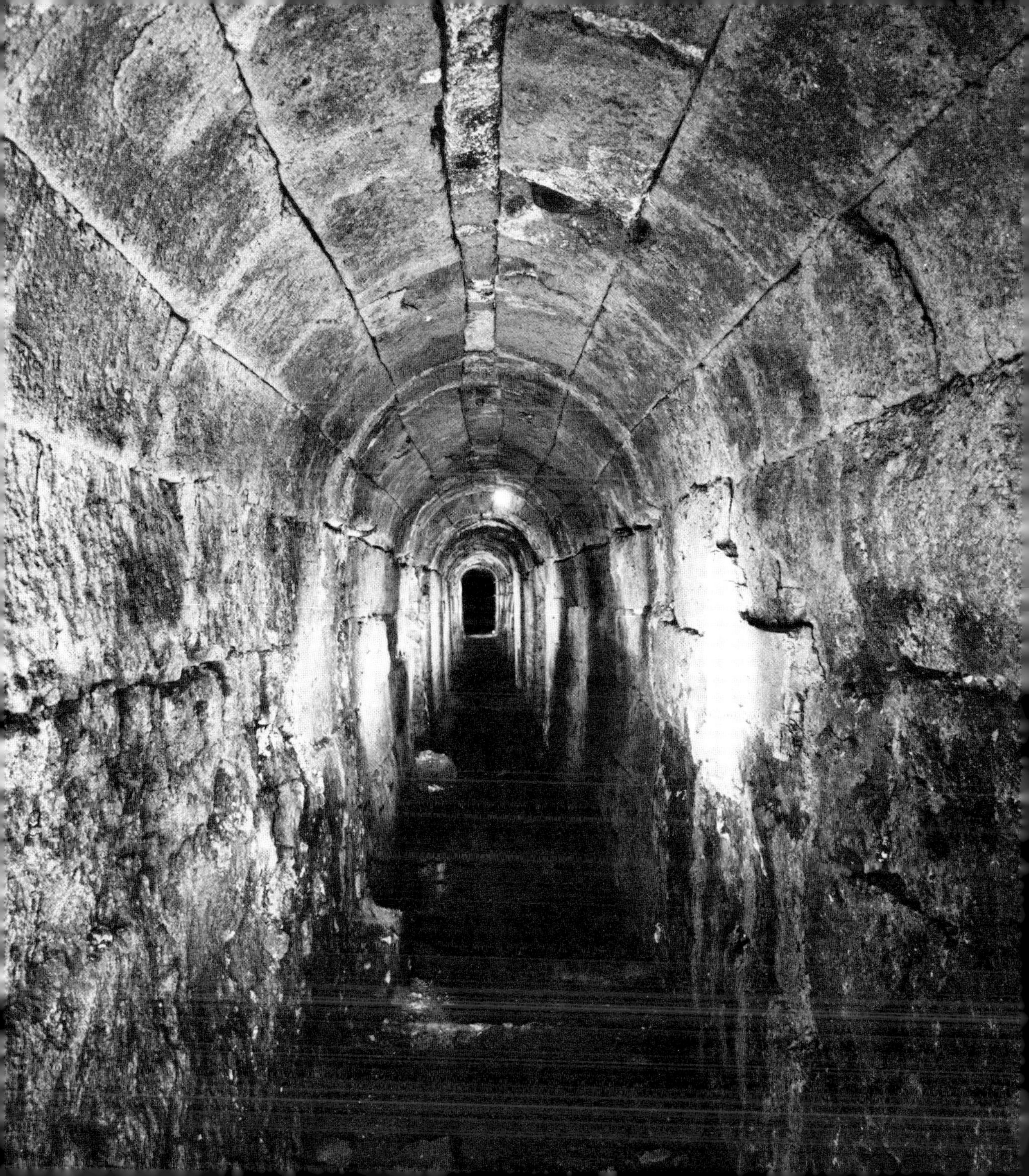

Schmiedemeister Titus Aulus gehörte sowieso zu den streng Konservativen, die sozialen Neuerungen oder gesellschaftlichen Veränderungen ablehnend gegenüberstanden.

Bebend vor Zorn stürzte er nach den Worten seiner Frau zurück in die Schmiede. Anicetus sprach gerade noch mit einem Bauern, der zwei gebrochene Äxte gebracht hatte. Aulus packte ihn am Arm, riß ihn herum und schlug mit den Fäusten auf ihn ein. Anicetus wehrte sich nicht. Er ahnte, was geschehen war. Geschickt versuchte er jedoch, den harten Schlägen des Meisters zu entgehen.

Aulus brüllte: »Was hast du meiner Tochter angetan? Du hast sie geschändet, die Familie zerstört.«

Anicetus blutete aus einer Kopfwunde.

Die Augenbrauen waren aufgeplatzt, eine Backe geschwollen. Er riß sich los, schlug die klapprige Holztür hinter sich zu und rannte weg zu seinem Freund Afer und versteckte sich in dessen Töpferei am Mauritiussteinweg. In diesen Stunden reifte wohl der Plan, die kleine Cornelia zu entführen. Denn Anicetus liebte sie und war entschlossen, sie zu heiraten.

In der folgenden Nacht kam es dann zur der Tragödie. Mit schweren Axthieben schlagen zwei vermummte Gestalten gegen die verriegelte Haustür des Schmiedemeisters. Der Krach schreckt Titus Aulus auf. Er rennt zum Flur, die Tür bricht auf, die zwei Gestalten stürzen ihm entgegen. Titus stellt sich ihnen mutig in den Weg. Es kommt zu einem Handgemenge. Ein Dolch blitzt auf. Der Schmied schwankt. Er ist getroffen und stürzt sterbend zu Boden. Voller Panik ergreifen die beiden Freunde Anicetus und Afer die Flucht. Doch wohin? Eine Flucht aus der Stadt ist unmöglich. Die Stadttore sind verschlossen.

Poppaea, von dem Lärm aufgeschreckt, fällt beim Anblick des leblosen Mannes in Ohnmacht. Der Sohn alarmiert die Nachbarn. Es gibt keine Zweifel, daß sich Anicetus und sein Freund noch irgendwo in der Stadt versteckt halten.

Mehr durch Zufall werden sie um die Mittagsstunde des nächsten Tages aufgegriffen. Sie hatten einen Kanaldeckel aufgehoben und waren in den mannshohen Abwasserkanal in der Budengasse eingestiegen. Mühsam tasteten sie sich durch den dunklen Schlauch. Fanden jedoch den Kanalaustritt an der Stadtmauer versperrt.

Arbeiter der Kanalverwaltung spürten sie dann bei einem der normalen Kontrollgänge auf.

Unter wüsten Beschimpfungen führte man sie zum Gefängnis (Carcer) am Forum. Der Kerkermeister legte ihnen Hand- und Fußschellen an, um eine Flucht zu verhindern.

Damit war das Schicksal von Anicetus und seinem Freund besiegelt, denn für ein solch schweres Kapitalverbrechen gab es im römischen Recht nur eine Strafe: die Todesstrafe.

Geldfälscher

Marcus Varenius Hermes war zwar stadtbekannt, aber nicht besonders beliebt. Er hatte mehr Feinde als Freunde. Offenbar störte ihn das aber wenig, denn er tat alles, um die Zahl seiner Gegner ständig zu mehren. Varenius, gedrungen und in schmuddeligen Kleidern, machte auch schmuddelige Geschäfte. Er war nämlich Geldwechsler und seine Wucherzinsen hatten so manchen glücklosen Geschäftsmann, der von ihm einen Kredit erbat, an den Bettelstab gebracht.

Die Wechselstube des berüchtigten Halsabschneiders lag im Handwerkerviertel in der Nähe der heutigen Breite Straße im Hinterhof des Schmiedes Titus Aulus.

Für seine Geldgeschäfte war die Gegend, in der sich Varenius niedergelassen hatte, goldrichtig. Seine Kunden saßen gleich nebenan. Vor allem in den Abendstunden kamen Handwerker aus den Nachbarhäusern und Wohnungen, um ihren Tagesverdienst bei ihm zu deponieren, denn er gab nicht nur Kredit, sondern verwahrte auch fremder Leute Geld, so wie heute eine Bank. In jüngster Zeit wurde Varenius jedoch immer häufiger von Geschäftsleuten aufgesucht, die bei ihren Lieferanten in der Kreide standen und dringend Kredite brauchten, wenn sie nicht pleitegehen wollten.

Marcus Varenius hatte dank seines guten »Umsatzes« keine Geldsorgen. In einer Großstadt wie Köln, die in der Mitte des dritten Jahrhunderts über eine blühende Luxusgüterindustrie verfügte, ließen sich gute Geldgeschäfte machen. Varenius liebte es, sich handgreiflich regelmäßig von dem Stand seines Vermögens zu überzeugen.

Deshalb bewahrte er die Münzen genau abgezählt in versiegelten Säcken in einem fast tresorähnlichen, gut geschützten Kellerraum auf. Zwar

Schuldner zahlen ihre Zinsen

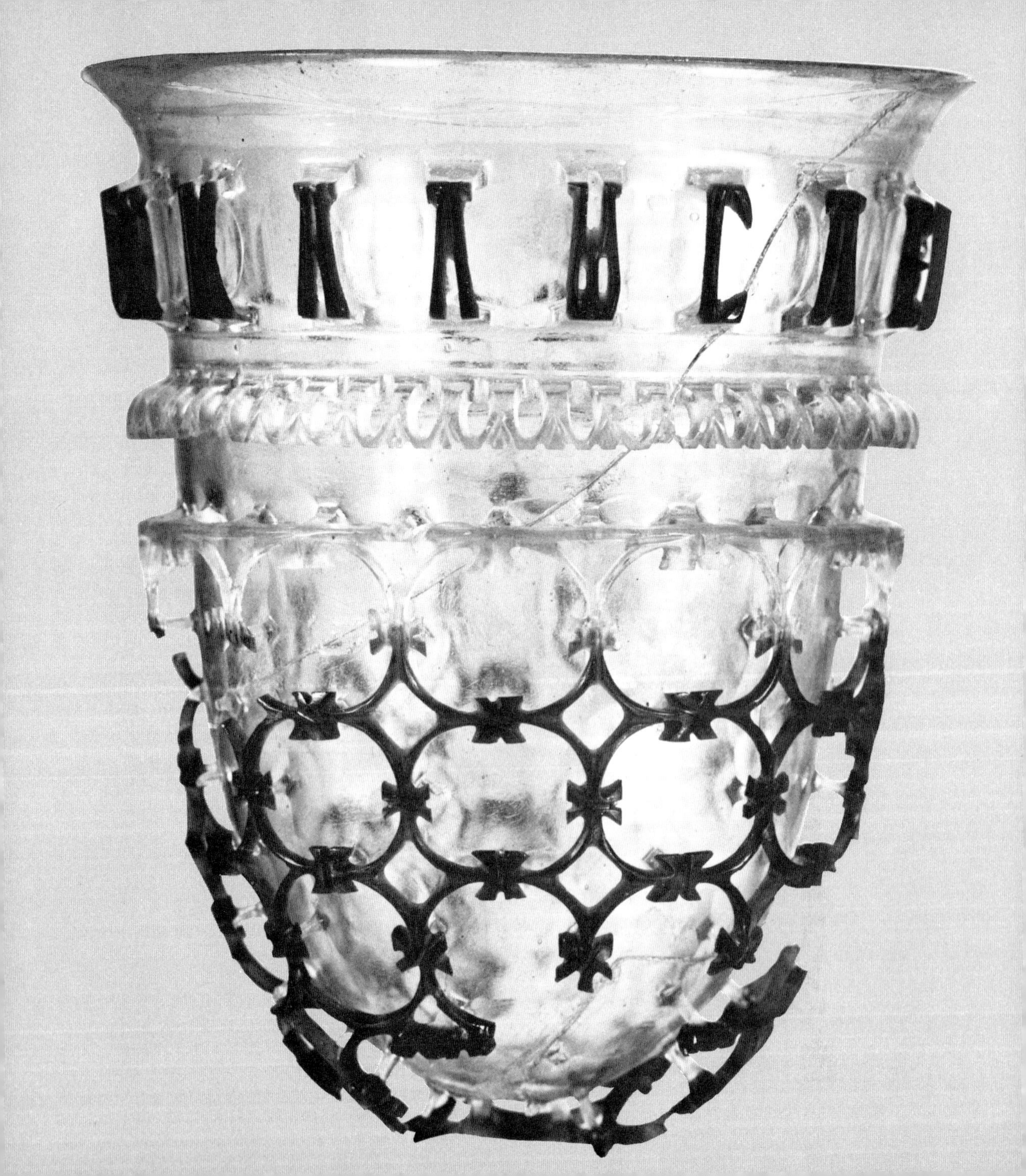

Glas für den Export, Luxus aus Köln

hatte auch er unter der seit fast 50 Jahren immer spürbarer werdenden Wirtschaftskrise und Inflation zu leiden, die das ganze römische Reich bedrohte, doch irgendwie schien er besser über die Runden zu kommen als andere Kölner Geschäftsleute. Voller Stolz führte er ab und zu seinen Sohn in den Tresorkeller und zeigte ihm, daß die Geldsäcke nicht kleiner, sondern größer wurden.

Die anderen Kölner Bürger merkten dagegen, daß sie mit den Jahren schon immer weniger in der Hand hatten. Die Silbermünzen enthielten kaum noch Silber, sondern mehr Bronze und wurden ständig kleiner. Goldmünzen waren nur noch wenige im Umlauf. Und auch sie wurden immer dünner. Schlechte Silber- und Goldmünzen ließ vor allem Kaiser Gallienus prägen, der

Es war schon immer etwas teurer, einen besonderen Geschmack zu haben

sich zur damaligen Zeit im Osten des Reiches an den Grenzen mit eindringenden Feinden, den Persern, herumschlug, während in Köln ein eigener Kaiser residierte.

Der Geldwechsler Varenius sammelte seit etwa vier bis fünf Jahren die wertloseren und schlechterhaltenen Bronzemünzen. Wenn er seinem Kunden beweisen wollte, wie bedenklich es um das Wirtschaftsleben im größten Teil des römischen Reiches stand, legte er sie ihm mit vieldeutiger Miene als sichtbaren Beweis vor. Trotzdem, in Köln machte man sich nicht so viele Gedanken um die Inflation wie anderenorts. Wie kam das? Lebten die Kölner in einem geheimnisvollen Wirtschaftsparadies?

Des Rätsels Lösung: sie machten ihr Geld selber und sie achteten auf Qualität. Es war besser als anderswo. Köln durfte Geld prägen, weil es Kaiserstadt war. Zum ersten und auch letzten Male in seiner Geschichte. Im Jahr 259 nach Chr. hatte General Marcus Cassianus Postumus nach blutigen Auseinandersetzungen wie bereits geschildert, den kaiserlichen Prinzen Saloninus ermordet und sich selbst zum Kaiser ausrufen lassen. Sein Herrschaftsgebiet, das er von Köln aus regierte, umfaßte die westlichen Teile des römischen Reiches: Spanien, Gallien, Germanien und Britannien.

Daß er durch Mord zur Macht gekommen war, nahmen ihm die Kölner nicht weiter übel, denn es zeigte sich, daß »ihr« Kaiser ein Finanzexperte war, der es verstand, in seinem »Land« die Wirtschaft wieder anzukurbeln. Bei ihm ging es den Kölnern nicht schlecht.

Der Kölner Geldwechsler Varenius war ihm dafür besonders dankbar. Zum erstenmal gab es in Köln ein offizielles Münzamt, das neue, gute Silber- und Goldmünzen prägte. Varenius war bester Kunde des Amtes. Mit seinen guten Leuten im Münzamt hatte es Kaiser Postumus geschafft, eine stabile Währung einzuführen und sogar 5,8 Gramm schwere Goldmünzen prägen zu lassen.

Einem Händler aus Germanien, der zum ersten Male zu ihm als Kunde kommt, versucht Varenius die Wirtschaftspolitik seines Kaisers zu erklären.

»Mein lieber Paulus, bei uns in Köln bekommst du das beste Geld. Unser neuer Kaiser, den du übrigens morgen vor seinem Palast sehen kannst, weiß natürlich genau, daß er nur an der Macht bleiben kann, wenn er die Soldaten mit gutem Geld entlohnt. Schließlich haben sie ihn zum Kaiser gemacht. Und die Bürger läßt er auch gut verdienen. Das ist geschickt, denn wir haben es ja in Rom oft genug erlebt: wenn das Volk arm ist, neigt es dazu, seine Kaiser zu stürzen. So aber sind unsere Soldaten, die Händler und Großkaufleute stets zufrieden, weil sie solides Geld in der Tasche tragen.«

»Ja, ja, Varenius, aber etwas verstehe ich nicht. Wenn ich hier das Wechselgeld betrachte, das du mir für mein heutiges Geschäft gegeben hast, so sind die Münzen nicht nur groß und schwer, sondern auch noch besonders fein gearbeitet. Lohnt sich denn dieser Aufwand?«

»Mein Lieber, du mußt bedenken, das ist für den Kaiser eine Prestigefrage. Wie stünde er denn da, wenn er zwar gutes Silber- und Goldgeld prägen ließe, sein Gesicht auf der Vorderseite der Münzen jedoch lächerlich wirkte mit abstehenden Ohren und einer Hakennase? Oder wenn es so aussähe, als säße er nicht majestätisch auf einem Thron, sondern im Nachthemd auf einem Donnerbalken? Das Porträt des Kaisers, das von Hand zu Hand geht, muß schon ordentlich aussehen. Außerdem mußt du wissen, daß in unserem Münzamt zwei der besten Stempelschneider des Reiches sitzen. Sie liefern die schönsten Entwürfe vom Kopf des Kaisers. Schließlich müssen sie sich dankbar zeigen, denn Postumus hat sie in Gnaden aufgenommen und sie in ihrem alten Beruf für ein gutes Gehalt eingesetzt.«

Der Germane findet es nett, daß der Kölner Geldwechsler ihm so ausführlich über die Hintergründe des Kölner Wirtschaftslebens berichtet und er ist beeindruckt, wie gut Varenius Bescheid weiß.

Varenius: »Ich weiß schon ein bißchen mehr als die anderen. Einer der Münzarbeiter ist mein bester Freund.«

Der Fremde lacht: »Ha, ha, dann könntest du dir doch eigentlich dein Geld selber machen.« Varenius findet diesen Witz allerdings nicht besonders gut und fertigt den Kunden jetzt auffallend schnell ab. Er macht sich noch einige Notizen in seinen Geschäftsbüchern, schließt seinen Laden und geht in die Stadt zu seiner Stammkneipe.

Am nächsten Morgen kommt der Germane gegen elf Uhr wieder, weil er nochmals Geld wechseln lassen möchte und stellt voll Erstaunen fest, daß der Laden geschlossen ist. Ein kaiserlicher Wachsoldat steht vor dem Eingang und läßt niemanden hinein. Auskunft gibt er auch keine. In Windeseile verbreitet sich in der Stadt das Gerücht, daß man Varenius verhaftet habe, weil irgend etwas mit seinen Geschäften faul sei.

Tatsächlich, einen Tag später wird öffentlich verkündet, daß Varenius und sein Sklave Servandus wegen Wucherei und — die Götter werden es ihm nie verzeihen — wegen Geldfälscherei vor Gericht gestellt werden sollen. Auch ein Geselle des Schmiedemeisters Aulus Titus aus dem Vorderhaus wurde verhaftet. Was war geschehen?

Der Parfümhändler Sextus Haparonius, dessen Geschäfte in letzter Zeit nicht mehr besonders gutgegangen waren, hatte vor zwei Jahren einen großen Teil seines Geschäftsgewinnes bei dem Geldwechsler Varenius deponiert. Jetzt, in der

Flaute, als er zwei Glashändlern Lieferungen von Parfümfläschchen bezahlen mußte, hatte er einen Teil dieses zurückgelegten Geldes bei Varenius abgehoben. Einer seiner Glashändler, der am gleichen Nachmittag noch Steuerabgaben bei der kaiserlichen Kasse einzahlen mußte, war überraschend festgehalten worden, weil einige der Silbermünzen geschickte, aber für den Kassierer doch erkennbare Fälschungen waren. Der Glashändler versicherte jedoch, daß nicht er, sondern Haparonius der Fälscher sei, denn von ihm habe er das Geld bekommen.

Zunächst schien alles sehr verwirrend. Die kaiserlichen Beamten aber, detektivisch geschult, fanden bald heraus, daß der wahre Übeltäter Varenius sein müsse. Er hatte die Fälschungen auch in Umlauf gebracht. So kam es zu der Verhaftung des Betrüger-Trios, nachdem die Beweise ausreichten.

Servandus, der Sklave des Geldwechslers, hatte nämlich beim Verhör zugegeben, daß sich in der Wechselstube und in der Schmiede in manchen Nächten eigenartige Dinge zugetragen hätten. Ob das mit der Geldfälschung zu tun haben konnte?

Bei einer Überprüfung der versiegelten Geldsäkke im Tresor des Varenius fand man denn tatsächlich noch mehr Falschgeld.

Also doch. Der Geldwechsler hatte sich einen großen Teil seines Vermögens durch betrügerische Geldfälschungen erschlichen. Gerüchte darüber waren schon länger im Umlauf. Aber bisher hatte es keine Beweise gegen Varenius gegeben. Jetzt half ihm jedoch kein Leugnen mehr. Er gestand nach und nach alles.

Durch seine vielen Kontakte zu Händlern und durch seinen großen Vorrat an schlechten Münzen hatte er sich einen ansehnlichen Schatz an Rohsilber besorgen können, den er mit fremden Metallen verschmolz. Von seinem Freund, dem

Postumus, der fröhliche Kaiser in Köln

Münzarbeiter Titus, stammte dann der Tip zur Weiterverarbeitung des Rohmaterials und zur Herstellung von Falschmünzen.

Wie umsichtig Varenius zu Werke ging, machten die Aufzeichnungen der Vernehmungsbeamten deutlich. Varenius hatte zunächst von guten Münzen Tonformen hergestellt. Diese Förmchen, die auf der Vorder- und Rückseite die Seite einer Münze eingraviert hatten, wurden zu einem Tonröhrchen von etwa zwanzig Zentimeter Länge aufeinandergesetzt. Die Förmchen hatten eine dreieckige Kerbe, so daß eine Rinne entstand, in die das verfälschte Münzsilber gegossen wurde. Nach Erkalten wurden die Tonförmchen abgenommen und man hatte gegossene Fälschungen. Der kleine Zapfen an der Eingußstelle der Münze wurde sorgfältig abgebrochen und die Fälschung war fast perfekt.

Die Behörden hatten ihre Untersuchung schnell abgeschlossen. Der spektakuläre Fall wurde dem Kaiser vorgelegt, der eine sofortige Verurteilung anordnete. Das Verfahren vor Gericht dauerte nur wenige Stunden, zumal die Täter geständig waren. Münzfälscherei zählte mit zu den Kapitalverbrechen, für die es die Todesstrafe gab.

In der Kneipe im Handwerkerviertel sitzen an diesem Abend eine Reihe von Handwerkern und Händlern zusammen. Als sich Haparonius dazusetzt, merkt er gleich an der lauten Diskussion und an der hektischen Stimmung, daß es um den Fall des Geldfälschers geht. Gerichtsdiener Valerius Antiquus hat als neueste Nachricht das Urteil mitgebracht, das gerade ergangen war. Wie viele erwartet hatten, sprach das Gericht die Höchststrafe aus. Die drei freien römischen Bürger, der Geldwechsler Varenius, der Münzbeamte und der Schmiedegeselle wurden verbannt, ihre Vermögen eingezogen. Den Sklaven Servandus verurteilte man sogar zum Tode.

Haparonius staunte nicht schlecht, als er aus all den Gesprächen in der Kneipe heraushörte, daß die Diskussion gar nicht so sehr um die Verurteilten und die hohen Strafen ging, sondern um den Kaiser. Ihre Wut richtete sich gegen ihn, wenn sie dies aus Angst vor kaiserlichen Spitzeln auch nicht deutlich aussprachen. Ohne Rücksicht auf die armen Geprellten hatte der Kaiser nämlich einfach das Geschäftsvermögen des Geldwechslers, auch die Münzen, die er für Kunden nur deponiert hatte, konfisziert und in den eigenen Sack gesteckt.

Was war eigentlich schlimmer, daß der Geldwechsler Varenius die Autorität des Kaisers betrogen hatte oder daß der Kaiser die kleinen Leute um ihre Ersparnisse prellte?

Tanz auf dem Vulkan

Es ist vier Uhr früh. Im Hafengebiet des römischen Köln setzen schon die ersten Schiffe die Segel. Köln ist im dritten Jahrhundert ein bedeutender Umschlaghafen. Was die damals bekannte Welt an Gebrauchs- und Luxusgütern zu bieten hatte, in Köln konnte man es kaufen.

Der Blick eines Wachsoldaten geht über die Rheininsel zur Mitte des Stroms, wo in diesem Moment ein dichter Pulk von kleinen, wendigen Militärschiffen flußaufwärts zieht. Paulus, so heißt unser junger, noch unerfahrener Wachsoldat, fragt seinen Kollegen, der schon mehr Dienstjahre auf dem Buckel hat, ob die Flotte des Kaisers öfters in so großem Aufgebot nachts zu Kontrollen oder Übungen auszöge. Crispus schüttelt den Kopf. »Mein lieber junger Freund, hast du denn nicht in den vergangenen Tagen die allgemeine Unruhe am Strom und vor allem in der Stadt bemerkt? Die Berater unseres Kaisers Postumus hetzen doch mit finsterer Miene durch die Gassen. Nicht mal von ihren besten Freunden lassen sie sich wie sonst zu einem Schwätzchen auf dem Forum verleiten. Neugierigen Fragern, die wissen wollen, ob von Göttern oder Feinden Unheil drohe, geben sie keine Antwort.«

Auch dem jungen Wachsoldaten Paulus war die allgemeine Hektik natürlich nicht entgangen. Er hatte sie jedoch auf irgendwelche Vorbereitungen zu Feierlichkeiten des Kaisers für das Volk bezogen.

Crispus nickte bedächtig. Der Spott in seiner Stimme war nicht zu überhören: »Da hast du schon recht, mein Sohn. Von Zeit zu Zeit zeigten sich unsere Kaiser in Rom dem Volk gegenüber mit Spielen und Geschenken recht großzügig. Vor allem dann, wenn es galt, Massen der Armen und Arbeitslosen zu beruhigen. Du brauchst nur nachzulesen, was die Schriftsteller aus den vergangenen zwei Jahrhunderten darüber geschrieben haben —. Aber wann haben wir je wieder in den letzten Jahren, seit Köln Kaiser-

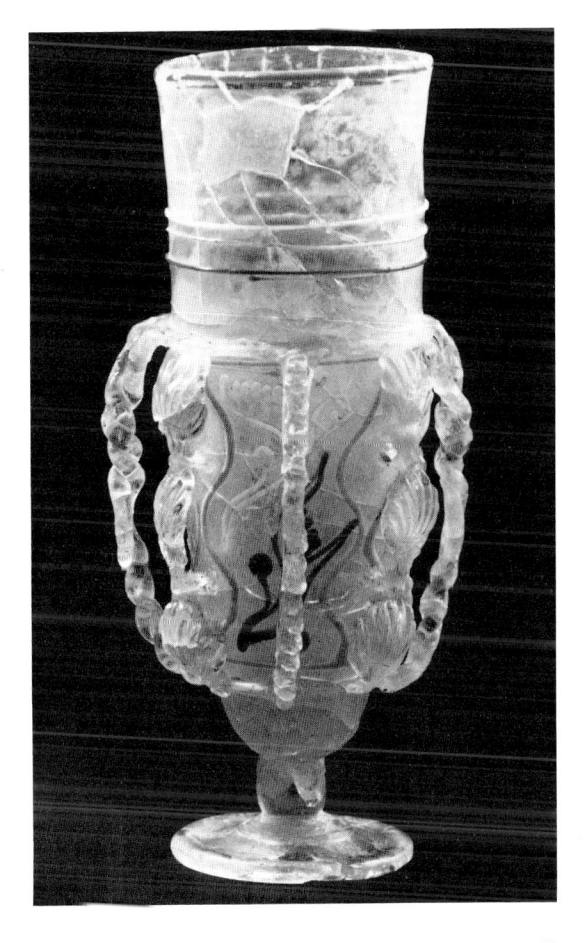

Feines Glas für reinen Wein...

65

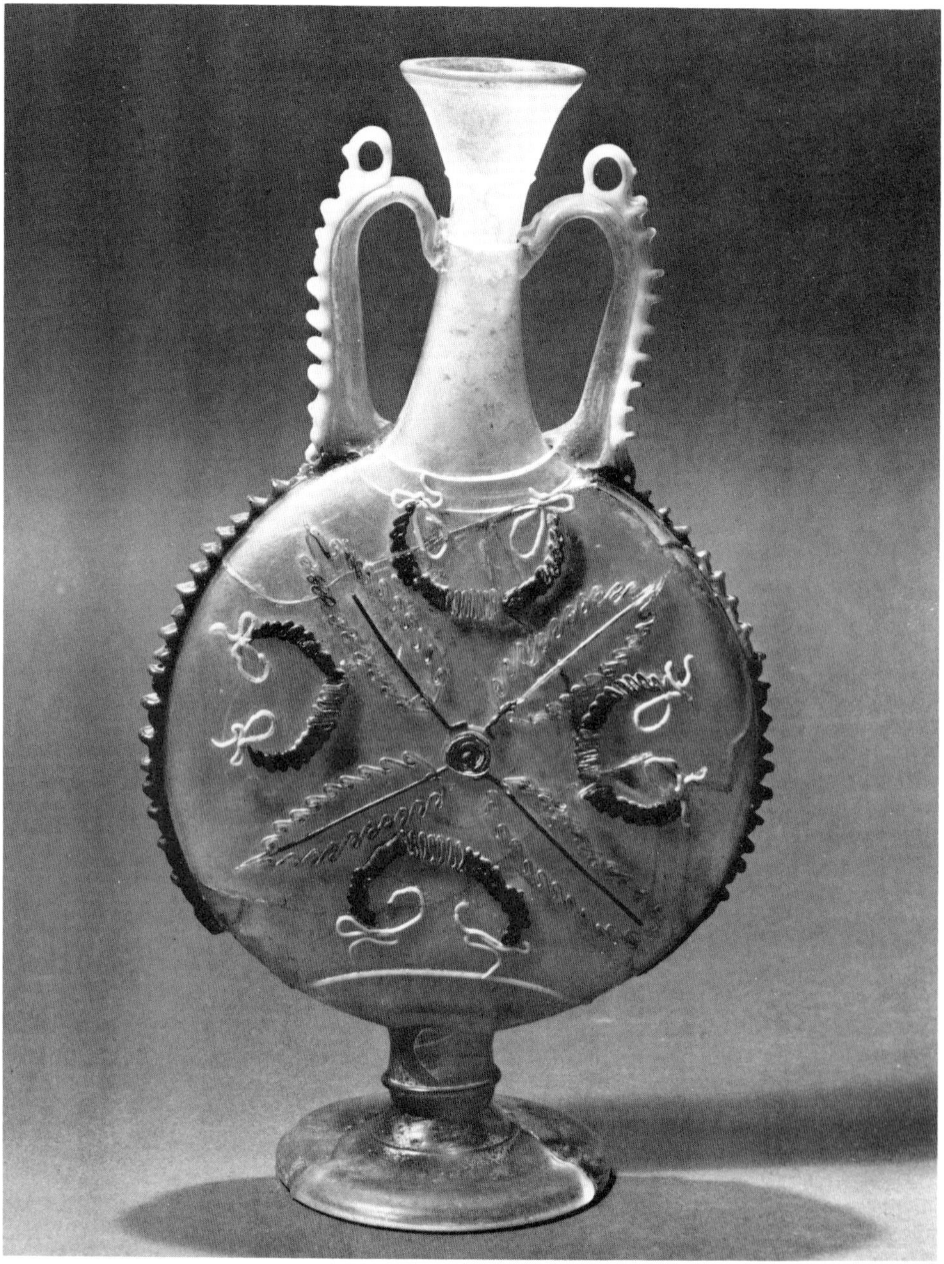

stadt ist, ein solches Fest erlebt? Uns bleibt keine Zeit zum Feiern, wo wir doch täglich mit einem Angriff des Kaisers Gallienus rechnen müssen. Solange er die Grenzen im Osten seines Reiches verteidigen muß, haben wir hier Ruhe. Doch wie lange? Ich fürchte, die Götter haben uns ihre Gunst entzogen. Diese Unruhe, diese Hektik, das bedeutet Aufmarsch, bedeutet Kriegsvorbereitung. Weißt du noch, wie bitter der Kampf vor sechs Jahren war, als wir hier für unseren Kaiser Postumus die Stadt eroberten?«

Der alte Kämpfer Crispus war froh, in dem jungen Kameraden ein geduldiges Opfer als Zuhörer für seine schwelgerischen Erinnerungen an vergangene Kriegstage gefunden zu haben. Crispus hatte ja schließlich den Aufstieg des Feldherrn Postumus zum Kaiser miterlebt. Er gehörte zu jenen Schutztruppen, die Kaiser Gallienus am Rhein zurückließ, als er 259 nach Chr. gegen die römischen Feinde im Osten des Reiches zog. Damals vertraute er dem Feldherrn Postumus seinen Sohn, den kaiserlichen Prinzen Saloninus und dessen Berater Silvanus, an.

In jenen Wochen bewies Postumus sein Können als geschickter Feldherr. Erfolgreich schlug er fränkische Truppen zurück, die schon öfters versucht hatten, die Grenzen am Rhein zu überschreiten. Und eines Tages gelang ihm ein besonders listenreicher Überfall auf eine Frankenschar, bei dem seine Soldaten wertvolle Beute machten. Als Postumus hörte, daß Silvanus die Beute für den Kaisersohn ausgehändigt bekommen wollte, nutzte er blitzschnell die Situation aus, um die Soldaten gegen den Prinzen und seinen Berater aufzuwiegeln. Postumus fiel es nicht schwer, die Soldaten für sich zu gewinnen. Voller Begeisterung riefen sie ihn auf der Stelle zum neuen

Kunst kommt von Können — Kunst kommt von Köln

Kaiser aus. Auch Crispus gehörte zu seinen gläubigen Anhängern.

Nach mehreren, zum Teil verlustreichen Gefechten, stand dann das Heer des Postumus vor den Toren der Colonia Claudia Ara Agrippinensium. Die Belagerung dauerte mehrere Tage und führte auf beiden Seiten zu großen Verlusten. Damals wurde auch Crispus am linken Bein schwer verletzt und mußte vom Lager des Feldlazaretts aus tatenlos zusehen, wie seine Kameraden ihr Leben für den neuen Kaiser wagten.

Seit Menschengedenken hatten die Kölner, beziehungsweise Agrippinenser, keine Belagerung ihrer Stadt mehr erlebt. Die kaiserliche Leibwache des Saloninus versuchte noch, die Kölner zu einer heroischen Verteidigung ihrer Stadt anzufeuern. Sie selbst stürzten sich todesmutig in den Kampf. Doch die Kölner waren noch nie für unnötigen Muteinsatz zu gewinnen. Sie hatten sich immer ein waches Auge für die Realität bewahrt.

Vor den Toren stand eine nicht zu übersehende Übermacht. Und die Angebote des Postumus waren verlockend.

Die Kölner entschlossen sich rasch. Sie lieferten den minderjährigen Prinzen Saloninus und seinen politischen Berater Silvanus dem belagernden Feldherrn aus.

In der Pose des gewaltigen, siegreichen Kaisers zog Postumus in die Stadt ein, die fast ein Jahrzent die Residenz eines römischen Teilreiches bleiben sollte.

Bereits in den ersten Stunden seiner Macht ließ er Köpfe rollen. Den jungen Prinzen Saloninus, dessen Berater und eine Reihe anderer kaiserlicher Anhänger ließ Postumus kurzerhand ermorden. So begann relativ schrecklich die Regierungszeit eines Kölner Kaisers im Westen des römischen Reiches, die sich dann jedoch in mancher Beziehung als durchaus glückliche Zeit für Köln erwies.

So oder ähnlich berichtete Crispus von den Anfängen der Kaiserstadt Köln und von seinem Kaiser Postumus, dessen Berater man nun so geschäftig durch die Straßen eilen sah.

Bewundernd hatte der junge Soldat Paulus zugehört. Und im stillen wünschte er sich, daß Crispus mit seinen Befürchtungen recht behalten möge. Denn auch er wollte sich einmal im Krieg auszeichnen, seine Tapferkeit beweisen können. Gallienus sollte nur angreifen. Er würde die Kölner schon fürchten lernen.

Dieser Wunsch ging schneller in Erfüllung, als sich Paulus gedacht hatte. Denn kaum war er nach einer langen Nachtwache auf seiner Feldliege in der Kaserne eingeschlafen, weckte ihn das Alarmzeichen des Trompeters. Der Feind war im Anmarsch auf die Stadt. Paulus sprang auf und rannte nach draußen. Im Lager war der Teufel los. Alles schrie und lief durcheinander. Keiner hörte zunächst auf die Befehle des Kommandanten. Auch Crispus war von der allgemeinen Hektik angesteckt. Aufgeregt rief er seinem jungen Freund zu: »Ich hatte recht, ich hatte recht. Beim Herkules! Der Gallienus marschiert mit einem großen Heer auf Köln zu.«

Fast hätte Paulus vor Freude »Hurra!« gerufen. Jetzt hieß es Mut und Tapferkeit zeigen, um sich vor dem Feind auszuzeichnen. Als kühlem Rechner war ihm außerdem klar, daß dies der schnellste Weg zu höherem Sold war. Und außerdem, je höher der Rang, desto größer auch der Anteil an der Kriegsbeute.

Inzwischen war auf dem Kasernenhof wieder etwas mehr Ruhe eingekehrt. Die Truppen bereiteten sich auf einen geordneten Marsch gegen den Feind vor.

Wie aber ging es in der Nähe des Kaisers zu? Postumus war umringt von seinen Beratern. Die Sorge war groß. Späher berichteten von der Übermacht des römischen Feindes. Eins fürchteten sie besonders: Gallienus mußte einen besonderen Haß auf Köln haben. Denn hier war sein Sohn getötet worden, den er rächen wollte. So herrschten nicht nur in der Kaserne, sondern auch im Palast des Postumus Hektik und Besorgnis.

In der Stadt war das Bild nicht anders. Aufgeregt eilten die Bürger umher, um sich für den Notfall Lebensmittel zu organisieren. Mütter und Frauen umarmten weinend ihre Söhne und Männer. Angst und Schrecken hingen über den Einwohnern.

Im Hause des Servilius, eines Münzmeisters der kaiserlichen Münzstätte, trifft gerade ein Bote ein. Er bringt die Nachricht, daß Servilius auf Befehl des Kaisers mit dem ganzen Stab seiner Münzarbeiter sofort in die Münzwerkstätte gehen soll. Servilius, der sich auf einen ruhigen, freien Tag gefreut hatte, reagiert verärgert. Aus früheren Kriegsjahren weiß er, was da auf ihn zukommt. Für die nächsten Monate wird kaum Gelegenheit für eine Mütze voll Schlaf sein.

Tatsächlich! Als er in die Werkstatt kommt, berichten ihm seine Kollegen, daß auf Befehl des Kaisers der Münzausstoß verdreifacht werden muß. Der Kaiser braucht Geld, um seine Truppe während des Krieges gegen Gallienus gut bezahlen zu können.

Mit dieser Nachricht begibt sich Servilius in seine Abteilung. Ihm unterstehen die Stempelschneider und ihnen berichtet er von den Weisungen des Kaisers.

Bacchus erntet Wein für fröhliche Zecher

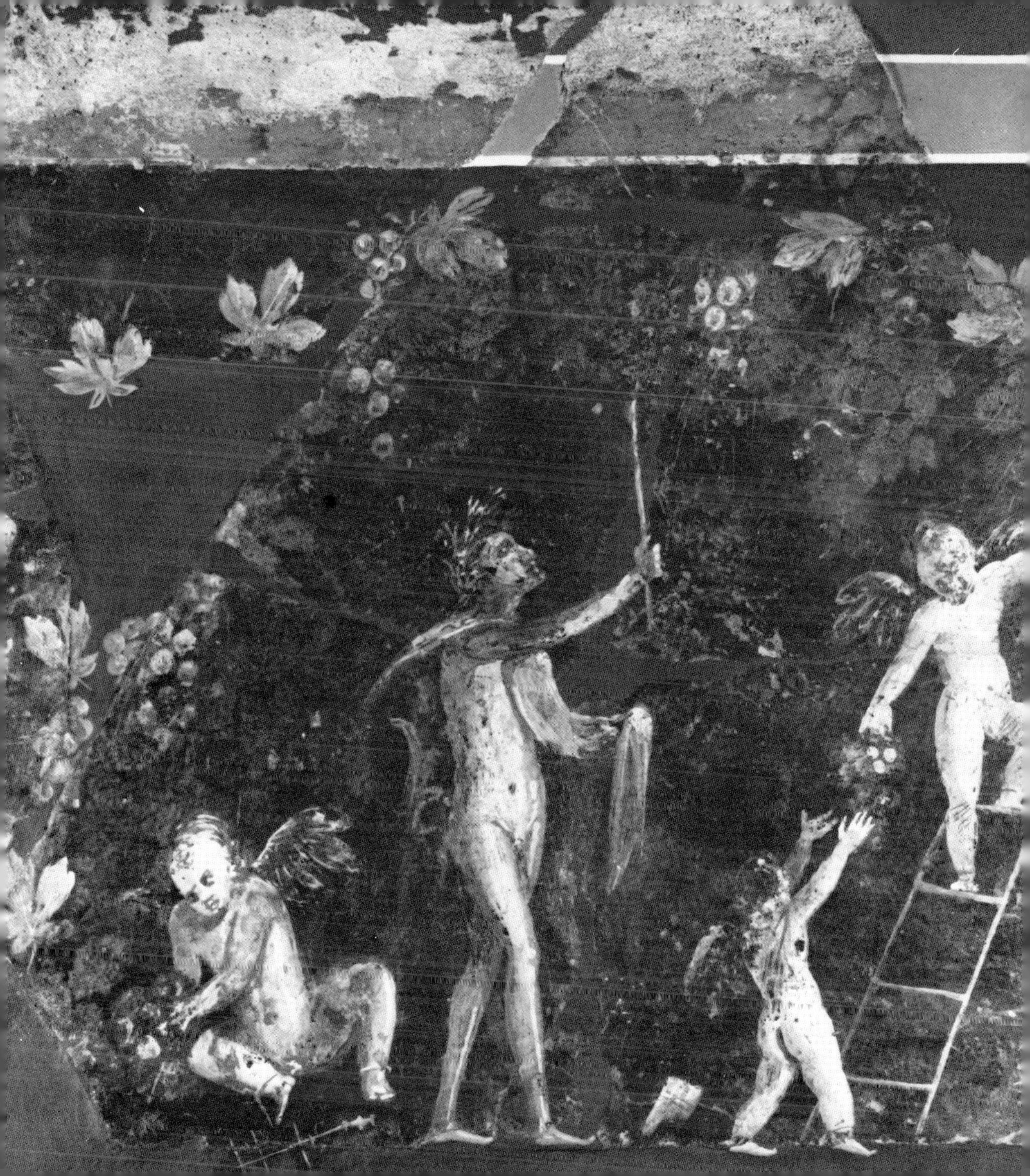

Inzwischen waren alle, die mit der Münzwerkstatt zu tun hatten, eingetroffen. Man hatte selbst zwei Zuschläger mit herangezogen, die eigentlich schon seit einem halben Jahr aus dem aktiven Dienst ausgeschieden waren. Diese Maßnahme schien verständlich. Denn gerade die Zuschläger hatten in den nächsten Tagen die meiste Arbeit mit der vervielfachten Prägemenge.

Der alte Camillus, einer der ehemaligen Arbeiter, machte gerade in der einen Ecke mit dem schweren Zuschlaghammer einige Übungsschläge auf alten Stempeln, um wieder den richtigen Schwung zu bekommen und gleichmäßig arbeiten und prägen zu können. Denn die Kunst des Zuschlägers bestand darin, mit einem kräftigen und präzisen Schlag den aufgesetzten Oberstempel zu treffen, um so das kleine Stückchen Metall zwischen Amboß und Oberstempel sauber zu einer Münze zu schlagen.

Seit den frühen Morgenstunden klangen nun ununterbrochen die hellen Schläge aus der Münzwerkstatt. Servilius wies seine Stempelschneider nochmals eindringlich darauf hin, daß trotz der Eile bei der Arbeit die Stempel sauber, präzise und immer noch gut gearbeitet sein müßten.

Bereits am Nachmittag schickte der Kaiser Boten mit militärischer Bewachung, um größere Geldbestände abzuholen. Sie waren für die Kriegskasse bestimmt.

All diese Vorbereitungen hätten dem Postumus trotzdem nicht in der entscheidenden Phase des Krieges geholfen, wenn ihm nicht das Glück zur Seite gestanden hätte, oder wie er es später ausdrückte, wenn ihm nicht sein Schutzgott Herkules das Leben gerettet hätte. Denn Gallienus war kurz vor einem sicheren Sieg über Postumus durch eine schwere Verletzung gezwungen worden, den so erfolgreichen Kampf abzubrechen.

Nach diesen kritischen Wochen war nun endlich wieder Ruhe in die Stadt eingekehrt. Das öffentliche und politische Leben verlief wieder in normalen, geregelten Bahnen. Die Bürger trafen sich wie früher in den Abendstunden zu einem Dämmerschoppen in den Kneipen. So auch beim Gastwirt Cervesius in der Nähe des Forums. Dort saßen in einer Nische an einem Tisch eine Reihe von Händlern und Handwerkern und unterhielten sich über die vergangenen Kämpfe. Zu ihnen gesellte sich Servilius, der Chef der Stempelschneider. Man sah ihm an, daß er wieder etwas Neues zu berichten wußte. Tatsächlich — nachdem er zwei, drei Becher guten Weins aus dem Trierer Land getrunken hatte, berichtete er von den neuen Entwürfen für eine bisher nie gekannte Serie feinster Goldmünzen. Die Serie mußte auf der Vorderseite der Münzen die Porträts von Kaiser Postumus und seinem Schutzgott Herkules zeigen. Natürlich, so betonte Servilius, müsse er den Kaiser von seiner besten Seite arbeiten und porträtieren. Der Kaiser wollte eine Art »Festprägung«. Sie solle den Sieg dokumentieren. Gleichzeitig wolle Postumus seinem Schutzgott gewissermaßen ein Denkmal setzen und ihm für seine Rettung danken in der Hoffnung, Gott Herkules möge auch in Zukunft seine Herrschaft erhalten.

»Ja«, meint der Wirt Cervesius, »aber was ist das Besondere an der Goldmünzen-Serie, die wir einfaches Volk ja sowieso nie in die Finger bekommen? Denn wer hat von uns schon so ein Vermögen, um es in Gold aufwiegen zu können?«

Servilius versucht zu erklären: »Ihr alle wißt, daß Herkules, unser Gott, große Taten vollbracht hat. Ihr kennt die Erzählungen von dem nemeischen Löwen, mit dem er gekämpft hat, von dem Augias-Stall, den er ausgemistet hat.« Wieder trinkt er einen Schluck Wein. »Diese Heldentaten«, so fährt Servilius fort »werden auf den Rückseiten der Goldmünzen noch einmal allen in Erinnerung gerufen. Ihr kennt mich alle und wißt, daß ich lange genug im Beruf bin und viel über die lange Geschichte der römischen Münzprägung weiß. Aber glaubt mir, eine solch ungewöhnliche Goldmünzserie wie sie jetzt in Köln entsteht, hat es in all den Jahrhunderten vorher noch nie gegeben. Ihr werdet sehen, unser Kaiser Postumus wird mit dieser Propaganda den Römern klarmachen, wer der wahre Herrscher im Reich ist.«

Ein junger Mann am Nachbartisch dreht sich in diesem Moment wütend um, schmettert seinen Weinbecher auf den Boden und schreit Servilius an: »Zum Herkules mit eurem Ruhm und Gold. Ihr habt ja alle gut reden. Was nützt einem das, wenn man draußen im Feld sein Leben für den Kaiser aufs Spiel setzt. Der Lohn ist Dreck wert.«

Teure Zier der Damen

Als Servilius erstaunt den jungen Mann ansieht, erkennt er in ihm Paulus, den jungen Wachsoldaten. Flüsternd meint der Wirt: »Laß ihn, reg dich nicht auf. Paulus ist enttäuscht und betrunken. Er hat gerade gehört, daß aus seiner Beförderung nichts geworden ist.«

Wie so viele seiner Vorgänger hatte auch Postumus nicht die Chance, als Kaiser im Bett zu sterben. Die Zahl seiner Feinde war mit den Jahren groß geworden. Selbst seine Soldaten standen nicht mehr hinter ihm, weil er ihnen nach dem Kämpfen zwischen Köln, Mainz und Trier die Stadt Mainz, die »Moguntiacum«, nicht zur Plünderung freigeben wollte. Seine Freunde verließen ihn. Bald fanden ihn die Häscher. Der Name des Mörders wurde nie bekannt.

Der Nachfolger auf dem Kölner Kaiserthron, Marcus Aurelius Marius, hatte nur die Chance eines Glücksritters. Er war von niedriger Herkunft und früher Schmied gewesen. Vielleicht war er sogar gebürtiger Germane, der es im römischen Heer zu ein paar Auszeichnungen gebracht hatte.

Sein Gesicht war vulgär, mit kurzer gerader Nase und einem eckigen Schädel. Seine Tage in Köln reichten gerade aus, um ein paar Münzen mit seinem Bild schlagen zu lassen. So weiß man wenigstens, wie der Emporkömmling, der Mann aus dem Volk, ausgesehen hat.

Im vierten Jahrhundert schreibt der Historiker Aurelius Victor über ihn: »Ein solcher Tiefstand war also erreicht, daß Leute dieses Schlages den Glanz der Kaiserwürde schänden konnten.«

Kurz nach seiner Kaiserkrönung wird Marius erwürgt. Victorinus wird zum neuen Kaiser ernannt. Der neue Mann der Stunde war eine schillernde Figur. Sein soldatisches Können wurde von allen geschätzt und gelobt. Doch er hatte seine Schwächen. »Er war von hitziger Sinnlichkeit beherrscht«, heißt es in der Überlieferung. Im Bewußtsein seiner neuen Würde habe er seine Casanova-Eskapaden zunächst etwas eingestellt.

Aber nach zwei Jahren hatte er schon so viele Liebes-Schandtaten begangen, daß der Skandal nicht mehr zu verheimlichen war. So berichtet der spätantike »Journalist« Trebellius Pollio von ihm: »Er tat nämlich alles, um die Ehen der Soldaten und Verwaltungsbeamten zu zerrütten. Aber als er die Frau eines Mannes von der Schreibstube verführt hatte, inszenierte dieser einen Aufstand.«

Victorinus mußte seine Seitensprünge mit dem Höchsten bezahlen, was er besaß: mit dem Leben. Er wurde in Köln getötet.

Bestrebt, der Familie die Kaiserwürde zu erhalten, ernannte die Großmutter, Vitruvia genannt, ihren Enkel und Sohn des Ermordeten, Victorinus zum Caesar. Doch auch dieser Knabe wurde von den Mördern des Vaters getötet.

Kaiser Victorinus erhielt keinen schlechten Nachruf. Zumindest schrieb Trebellius Pollio über ihn: »Dem Victorinus, der nach Postumus Gallien regierte, ist meines Erachtens kein anderer vorzuziehen, weder an Tapferkeit, Milde, Würde, noch was die Gesamtbeurteilung und soldatische Zucht angeht. Aber all diese Tugenden hat seine Lüsternheit und Wollust so gründlich überschattet, daß niemand es wagte, die guten Seiten dieses Mannes, der nach allgemeinem Urteil mit Recht bestraft wurde, zu preisen...«

Der ermordete liebestolle Kaiser Victorinus und sein ebenfalls ermordeter Sohn wurden in Köln begraben. Ein Stein trug die Inschrift: »Hier liegen die beiden Victorini, die Tyrannen.«

Grabsteine für den Brückenbau

Köln zählte zu Beginn des vierten Jahrhunderts zu den bedeutendsten römischen Siedlungen im Westen des Reiches. Doch sie war gefährdet. Immer wieder versuchten rechtsrheinisch lebende Germanenstämme die Stadt zu erobern. Zum Schutz der Kolonie ließ Kaiser Konstantin in Deutz von der 22. Legion ein Kastell mit vierzehn Türmen und zwei Toren anlegen. Und er ließ eine Brücke bauen. Die erste große für Köln. Ein Meisterwerk der Technik. Die noch Anfang dieses Jahrhunderts sichtbaren Überreste der mächtigen Pfeiler bewiesen den hohen Stand der Brückenbautechnik der Römer. Die Einweihung der Brücke im Jahr 310 nach Chr., die im Zuge der heutigen Salzgasse nach Deutz führte, wurde zu einem großen Volksfest in Köln.

Lucius Dextrinius Justus, pensionierter Verwaltungsbeamter, stand früh auf. Er wollte zum

Die Brücke nach Deutz, zu den Barbaren

Hafen. Der Statthalter und die Bürgermeister hatten zur Eröffnung der Rheinbrücke eingeladen. Das sollte ein Ereignis werden, wie es Köln noch nicht erlebt hatte.

Lucius trat vor die Haustür. Die ganze Stadt schien schon auf den Beinen. In den Gassen drängten sich die Menschen. Soldaten eilten vorbei. Der Gemüsehändler Seranius von gegenüber machte auch seinen Laden dicht und winkte freundlich: »Komm, Lucius, wir müssen gehen. Sonst bekommen wir keinen guten Platz mehr.« Der Pensionär Lucius machte sich an diesem Morgen so seine Gedanken über den Brückenbau. Vor zwei Jahren hatten die Soldaten mit der Planung der Brücke begonnen.

Aus Rom waren Ingenieure angereist. Auch im Stadtrat wurde darüber diskutiert. Schließlich brachten die Bauarbeiten am Hafen den Verkehr in der Stadt zum Stoppen. War das eine Enge in

den Straßen, jedesmal wenn die Ochsenkarren mit den Baumstämmen aus der Eifel kamen. Die Stämme waren so lang, daß die Wagen kaum um die Straßenecken biegen konnten. Nachdem das Haus des Goldschmieds Probus bei einem solchen Manöver gerammt worden war, beschloß der Stadtrat einen anderen Transportweg. Das Holz kam jetzt über Mosel und Rhein auf Schiffen zur Baustelle an der Salzgasse.

Die Kölner Handwerker hatten sich von dem Brückenbau das große Geschäft versprochen. Aber die Soldaten machten alles selber.

Von einer Bootsbrücke aus wurde die Konstruktion der massiven Brücke in Angriff genommen. Sie wurde aus Holz gebaut und von 14 in den Fluß verankerten Steinpfeilern getragen. Zunächst errichteten die Soldaten Kastendämme, von denen aus sie die Brückenpfeiler bauen konnten, ohne ins Wasser steigen zu müssen. Hunderte von zugespitzten Baumstämmen wurden in das Rheinbett eingerammt und mit Eisenklammern zu einem Holzrost verbunden.

Um diese Holzroste zu füllen, brauchte man Tausende von Steinblöcken. Irgendwie klappte nach einiger Zeit der Nachschub aus Lothringen und aus dem Brohltal nicht mehr. Da geschah das Ungeheuerliche: Vom Statthalter erging der Befehl, daß baufällig gewordene Grabmale auf den Friedhöfen vor den Toren der Stadt (Luxemburger-, Severin-, Neusser Straße) von den Pionieren abgebrochen werden durften, um die Brücke weiterbauen zu können.

Der ehemalige Verwaltungsbeamte Lucius hatte von der Empörung im Stadtrat über die Verfügung des römischen Statthalters gehört. Früher war das Abräumen von Grabmalen streng verboten gewesen. Jetzt wurde sogar das Grab eines

Lohn für den Brückenbau: ein Schiff voller Fässer mit Moselwein

75

Ratsherrn, ein schönes großes Pfeilergrab, wie das des Veteranen Poblicius, in zwei Tagen abgebrochen und aufgeladen. Einer von solchen Grabblöcken wurde 1964 bei Baggerarbeiten unterhalb der Deutzer Brücke im Rhein gefunden und steht heute am Eingang des Römisch-Germanischen Museums.

Als die Brückenpfeiler eine Höhe von 30 Fuß (rund neun Meter) über dem Wasserspiegel erreicht hatten, rückten die Zimmerleute an, um die hölzernen Bogen dazwischenzusetzen. Mit Kränen wurde das Baumaterial hochgezogen. Auf die Brückenfahrbahn kamen zum Abschluß Holzplanken. In nur drei Tagen war das Brückengeländer zusammengenagelt worden. Die Zimmerleute arbeiteten in zwei Schichten. Der vorgesehene Einweihungstermin stand nämlich kurz bevor, der frühe Wintereinbruch hatte die Arbeiten verzögert.

Fast hätte es noch einen Streik unter den Zimmerleuten gegeben, weil die Arbeitsbedingungen so schlecht waren. Beinahe wie im Zirkus montierten sie ohne Netz in schwindelnder Höhe. Den jungen Schreiner Siponius hätte es fast erwischt. Er rutschte auf einem losen Balken aus, stürzte, fiel ins Wasser, konnte sich jedoch an einem Brückenpfeiler festklammern. Wenige Minuten später schon dirigierte der Bauleiter ein Boot dorthin. Abends wurde die Rettung von Siponius mit viel Wein gefeiert.

Das alles ging dem pensionierten Lucius auf dem Weg zur Brückeneinweihung durch den Kopf. Er hatte sich verspätet. Die guten Stehplätze waren schon besetzt. Der Festredner hatte auch bereits mit seinem etwas zweideutigen Loblied auf Kaiser Konstantin begonnen.

»Die Franken wissen, daß sie den Rhein überschreiten könnten. Du, Konstantin, ließest sie ja gern zu ihrem Verderben herüberkommen. Aber sie können weder auf Sieg noch auf Gnade hoffen. Sie können sowenig daran denken, den Strom zu überschreiten, daß sie jetzt, obwohl eine Brücke gebaut wurde, es noch viel weniger wagen. Darüber hinaus verhöhnst du durch den Brückenbau in Köln die Reste des hart geschlagenen Stammes. Aber du machst das ja mehr zum Ruhm deiner Herrschaft und zur Verschönerung der Grenze, als um die Möglichkeit zu haben, so oft du willst, ins Feindliche hinüberzuwechseln.«

In der Tat war die erste große Kölner Brücke mehr eine Demonstration der Macht und des technischen Fortschritts.

Zwei Stunden dauerte die Einweihungszeremonie. Dann marschierten Soldaten über die neue Brücke. Viel Volk strömte nach. Lucius war etwas abergläubisch. Er wollte erst einmal abwarten, ob die Brücke auch wirklich hielt. Sie hielt lange. Wie lange genau, weiß keiner. Man schätzt, daß sie rund 500 Jahre lang die einzige feste Verbindung zwischen dem rechten und linken Rheinufer war. Im Mittelalter hatte Köln keine Rheinbrücke mehr.

Götter in Köln

Der altchristliche Kirchenlehrer Irenaeus berichtet schon gegen Ende des 2. Jahrhunderts nach Chr., daß es in Gallien Christengemeinden gäbe. Mehr sagt er freilich nicht. Köln mag auch dazu gezählt haben. Verwunderlich wäre es nicht.

Die Kölner der damaligen Zeit hatten es sicher schwer, wenn sie ein gottgefälliges Leben führen wollten. Denn welchem Gott sollten sie sich anvertrauen? Es gab zu viele Götter. Man fand sich kaum zurecht. Nicht nur die Römer exportierten ihre Götter nach Köln. Im zweiten und dritten Jahrhundert nach Chr. brachten Kaufleute und Soldaten immer wieder die Kunde von verschiedenen Erlösungsreligionen aus dem Orient und den Ostprovinzen des römischen Reiches mit. Und bald wurde Köln wie andere Städte zu einem Schmelztiegel für römische und orientalische Götter.

Da gab es den Mysterienkult um die große Göttermutter Cybele, die alte Kultur- und Stadtgöttin. Neben der römischen Matronenverehrung (allein in Köln und Umgebung sind über 15 Matronennamen überliefert) wurde der göttliche Mutterkult einer der verbreitetsten orientalischen Kulte. Der berühmte Kölner Töpfer der damaligen Zeit, Servandus, machte sich den regen Götterkult zunutze. Er baute so etwas wie eine Devotionalienindustrie auf. Seine Terrakot-

Muttergötter für das Hausaltärchen

ta-Figuren waren begehrt. Einige seiner Göttermütter sind heute im Römisch-Germanischen Museum ausgestellt.

Ebenfalls seine Spuren hinterlassen hat in Köln ein weiteres kleinasiatisches Mysterium: der Kult des Sabazios. Sein Name, der sich im jüdischen Sabbath wiederfindet, war Sinnbild für höchste ethische Reinheit, für den Sieg über die Verlorenheit.

Weit verbreitet war schließlich in Köln auch der ägyptische Isiskult, die Verehrung der Himmelgöttin Isis. Zahlreich gefundene Denkmäler und namentliche Weihungen deuten darauf hin, daß Köln sogar eines der wichtigsten Zentren dieses Kultes gewesen sein muß. Vermutlich stehen die Friedhofskirchen St. Gereon und St. Ursula heute dort, wo früher Isisheiligtümer standen. In den Pfeilern der frühchristlichen Kirche St. Gereon war ein Weihealtar eingemauert. Und in dem Mauerwerk von St. Ursula wurden gleich zwei Weihesteine für Isis gefunden. Der ägyptische Gott Ammon, mit Vollbart, Ziegenohren und Hörnern, war ebenfalls beachtlich oft am Rhein und in Köln vertreten.

Aus Syrien stammen schließlich der Kult um den vom Militär verehrten Jupiter Dolichenus, dem im 2. Jahrhundert nach Chr. in Köln eine Kultstätte errichtet wurde (eine Tempelinschrift wurde in der Elstergasse, zwischen Wallraf-Richartz-Museum und Tunisstraße gefunden), und aus Persien der Kult um den jugendlichen Gott Mithras, dem die Kölner zwei Kultstätten bauten. Eine stand im Nordwesten der römischen Stadt an der heutigen Richmodis-/Ecke Breite Straße und eine im nordöstlichen Wohnbezirk am Dom. Meist waren die Heiligtümer in unterirdischen kleinen Kellerräumen aufgestellt, umsäumt von Steinbänken, auf denen die Gottesdienstteilnehmer während der Zeremonie lagen. Die östlichen Kulte mit ihren geheimnisvollen Riten und verschiedenen Stufen der Einführung in die Mystik befriedigten eine langgehegte Sehnsucht des Menschen. Das Christentum war damals auch nur eine unter vielen orientalischen Religionen.

Diese verschiedenen Religionen gewannen ihre eigenen kleinen Gemeinden. Nur der Eingeweihte fand Zutritt zu den Kultfeiern. Er mußte sich jedoch in verschiedenen Graden bewähren, bevor er in die innersten Geheimnisse der Mysterien eindringen konnte.

Die Römer übten zunächst eine ungeheure Toleranz gegenüber den vielfältigen Formen der Religionsäußerungen und Religionsgemeinschaften aus. Jeder Einwohner hatte im Prinzip das Recht, seine eigene Religion zu wählen. Dies schloß jedoch Konflikte mit dem staatlich verordneten Kaiserkult nicht aus. Somit wurde zu verschiedenen Zeiten manche Religionsgemeinschaft verfolgt. Das Christentum war die Religion, die sich schließlich trotz aller Anfeindungen und Verfolgungen gegenüber den konkurrierenden Glaubensgemeinschaften durchsetzte.

Erste Christen gab es mit Sicherheit in Köln im 3. Jahrhundert nach Chr. Doch hat sich keine Spur von ihnen erhalten. Vielleicht auch, weil man die Religionszugehörigkeit sorgsam verbarg, denn das 3. Jahrhundert war die Zeit der grausamen Verfolgungen.

Erst unter Kaiser Konstantin (306—324 nach Chr.) können Kölner Christen aufatmen und sich offen zu erkennen geben. Der Bischof Maternus, der erste Kölner Bischof, den wir kennen, war ein angesehener Mann. Denn Kaiser Konstantin ruft ihn mit anderen Bischöfen im Jahre 313 nach Chr. nach Rom, um an einer kirchlichen Untersuchung teilzunehmen.

Ein reichliches Opfer war gut fürs Geschäft

79

Ein Jahr später, 314 nach Chr., muß Maternus wieder reisen, diesmal auf Geheiß des Kaisers nach Arles. Auch hier handelt es sich um strittige Angelegenheiten der Kirche, die beraten werden sollen. Maternus nimmt seinen Diakon Macrinius mit. Aber mit diesen beiden Zeugnissen endet bereits die Überlieferung des ersten namentlich genannten Kölner Bischofs. Wir wissen nicht, ob er es war, der den Entschluß faßte, die erste Bischofskirche, sicherlich noch ein bescheidenes Kirchenhaus, zu bauen. Vielleicht stand es an der Stelle des heutigen Doms. Genau weiß man das nicht. Ein paar Generationen vorher haben sich die Christen noch still in Privathäusern zu ihren Meßfeiern getroffen.

Alles was sonst noch über Maternus bekanntgeworden ist, gehört in den Bereich der Legende. Dreißig Jahre später begegnen wir dem zweiten bekannten Kölner Bischof: Euphrates. Auch er nimmt als Bischof der Kölner Christengemeinde an einer Bischofssynode im Jahre 343 nach Chr. in Serdica (Sofia, Bulgarien) teil. Die dort versammelten Bischöfe beschließen, ihn wohl wegen seines Ansehens und seines Rufes nach Antiochia (Syrien) zu Constantius, einem der Söhne Kaiser Konstantins, zu senden, um beim Kaiser die Erlaubnis einzuholen, daß Athanasios, Bischof von Alexandria (Ägypten), der ein Opfer von Verleumdungen wurde, zu seiner »Herde« zurückkehren darf. Außerdem soll er Vorwürfe gegen einen weiteren Bischof, Stephanos von Antiochien, prüfen.

Die junge christliche Kirche wird in jenen Jahren vielfach von theologischen Auseinandersetzungen geschüttelt. Die Anhänger der sich befehdenden Bischöfe greifen nicht selten zu niederträchtigen Mitteln, um den vermeintlichen Gegner zu stürzen.

Der Kölner Bischof Euphrates war zusammen mit dem italienischen Bischof Vincentius vom Kaiser als Prüfer und Richter nach Antiochia geschickt worden. Eine unangenehme Aufgabe. Sie wurden nicht als Freunde, sondern als Feinde empfangen. Vor allem die Anhänger des beschuldigten Bischofs Stephanos sannen auf Rache. Jedes Mittel schien ihnen recht, die beiden vom Kaiser geschickten Bischöfe zu verleumden.

Später berichtet darüber der hochberühmte Kirchenlehrer und Bischof Theodoret: »Bischof Stephanos hatte sich eine Art Leibgarde gebildet, mit der er die Rechtgläubigen tyrannisierte. Der Führer dieser Garde Onagros ließ durch einen jungen Mann unter dem Vorgeben, es seien Fremde angekommen, die nach ihr verlangten, eine Dirne in die Herberge der beiden Bischöfe bringen, während sich 15 Mitglieder der Bande im Hause versteckt hatten. Das Mädchen wird in das Gemach des älteren der beiden Bischöfe (Euphrates) geführt, der aus dem Schlaf geweckt, als er die Frauenstimme hört, voll Schreck den Erlöser Christus anruft, da er glaubt, ein Opfer dämonischen Trugs zu sein. In dem anschließenden Wirrwarr werden sieben der Komplizen festgenommen. Onagros und die übrigen entfliehen. Am folgenden Morgen wird die Sache auf das energische Eintreten eines Generals namens Salinos vors Gericht gebracht. Auf die Aussage der Dirne und das Geständnis des jungen Mannes hin wird Onagros festgenommen, der aus Angst vor Folterung das ganze Komplott aufdeckt und den Bischof Stephanos als den Urheber angibt. Dieser wird durch eine Synode seines Amtes entsetzt.«

Drei Jahre später wird jedoch auch der Kölner Bischof Euphrates seines Amtes enthoben. Ihn trifft der Bann der Kirche. Man sagt, er habe öffentlich gelehrt, daß Christus nicht Gottes Sohn, sondern nur Mensch gewesen sei. Unter dem Vorsitz des Trierer Bischofs Maximinus versammeln sich am 12. Mai 346 nach Chr. vierzehn Bischöfe zu einer Synode in Köln. Man untersucht noch einmal die Vorwürfe gegen Euphrates. Ein Bischof nach dem anderen steht auf und verurteilt die Irrlehre des Kölners. Schließlich erhebt sich Servatius, der Bischof von Tongern, und sagt: »Was der Bischof Euphrates getan und gelehrt hat, habe ich selbst als Zeuge gehört. Er leugnet, daß Christus Gott ist.«

Das Votum der Bischöfe ist eindeutig. Einstimmig wurde Euphrates als Ketzer verurteilt und muß den Kölner Bischofsstuhl räumen. So die schriftliche Überlieferung. Doch bis heute ist nicht sicher, ob sie wirklich stimmt.

Die Geschichte des Euphrates zeigt zumindest, daß die Kölner Christengemeinde noch schwer mit der rechten Lehre zu kämpfen hatte. Es ist die gleiche Zeit, in der sich die Vorboten neuer politischer Kämpfe ankündigen.

Horden machen Straßen unsicher

Das Jahr 355 nach Chr. brachte Unruhe für Köln. Überall gärte es. Die Römer waren am Rhein nicht mehr Herr der Lage. Schon bezwungen geglaubte Völker probten wieder den Aufstand. Köln war umgeben von feindlichen Germanen. Ein paar Tage lang schien es, als würde hier ein neuer Kaiser das Regiment übernehmen. Doch er wurde ermordet. Der Untergang der Stadt stand bevor.

Die Euphorie der Kölner, als römische Bürger zum mächtigsten Volk der Erde zu gehören, war verflogen. Die Stadt mit ihren prächtigen Tempeln, eleganten Villen und bunten Ladenstraßen sah imponierend aus. Aber das Leben in der Grenzstadt war nicht mehr angenehm, das Geld nicht mehr viel wert. Die Hausfrauen schimpften, weil die Lebensmittel immer teurer wurden. Die Schuster und Schneider hatten zwar viel zu tun, aber nur mit Reparaturarbeiten. Neue Schuhe und Kleider ließ kaum einer mehr machen. Die vielen römischen Soldaten, die in die Stadt kamen, brachten zusätzliche Schwierigkeiten. Jeden Tag gab es Schlägereien. Die Straßen waren unsicher. Nachts wagte sich kaum einer mehr aus dem Haus.

Rufus, der Schuster, hatte seinen Töchtern verboten, ohne seine Begleitung auszugehen. Die städtische Polizei war nicht mehr Herr der Lage. Es gab zwar Tag- und Nachtkontrollen. Doch was konnten ein oder zwei Polizisten gegen eine Horde Randalierer ausrichten? Meist erschöpfte sich der Einsatz der Polizei darin, daß sie bei einer nächtlichen Wirtshausschlägerei den nächsten Arzt aus dem Bett klingelten, der die Verletzten behandelte.

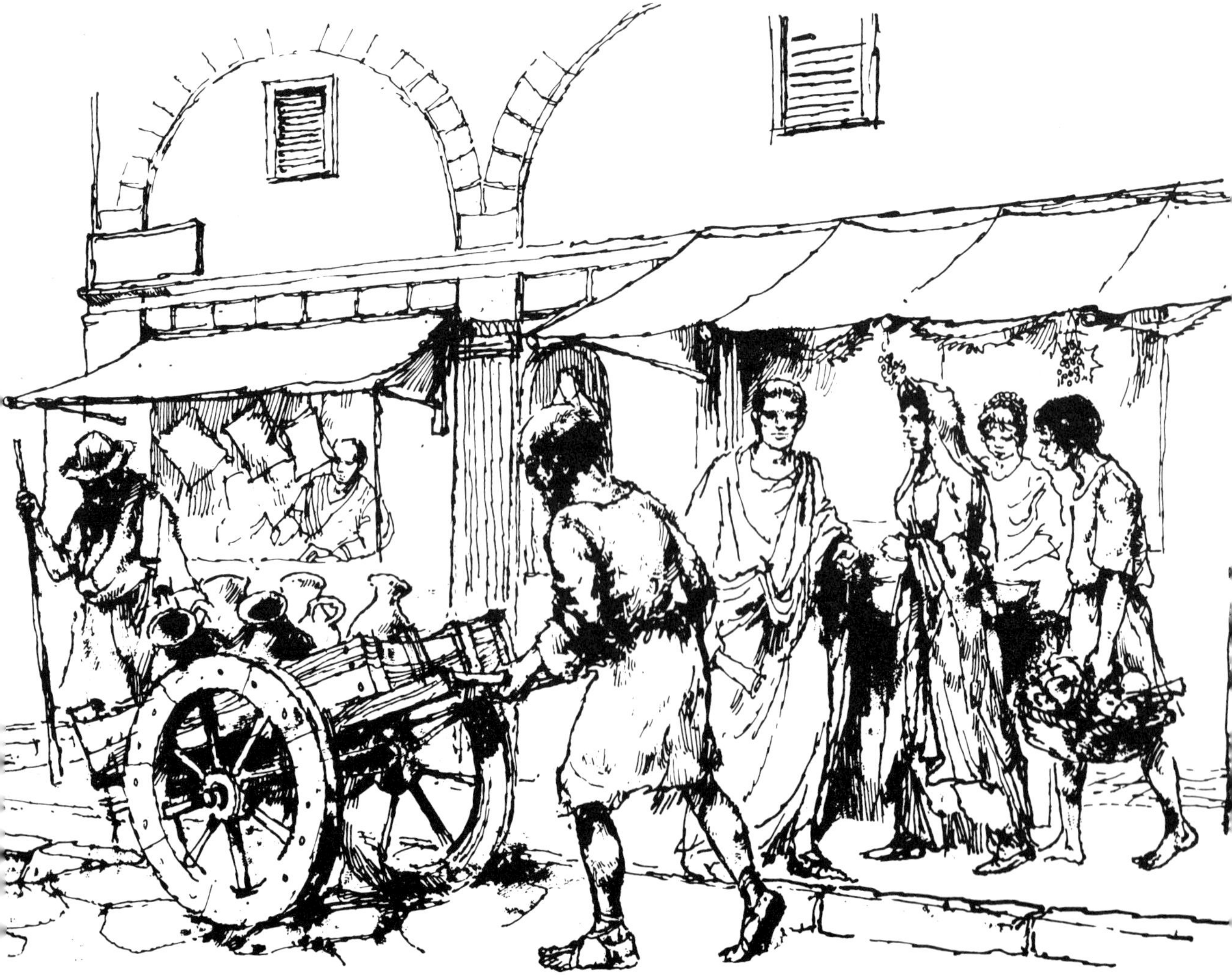

Der Statthalter und Oberbefehlshaber der Rheintruppe machte sich Sorgen. Dauernd berichteten Kuriere der Landpolizei und Geheimdienstbeamte von furchtbaren Bluttaten, Plünderungen und Brandschatzungen in den Dörfern der Umgebung. Immer wieder waren es kleine, schnelle Horden von Germanen, die vom rechten Rheinufer her einfielen.

Auf dem Gräberfeld an der Nordwestseite der Stadt (heute St. Gereon) fand in jenen Tagen eine feierliche Beisetzung statt. Der Deutzer Truppenchef beerdigte einen seiner besten Späher, Viatorinus. Der Adjutant setzte in großer Trauer seinem Kameraden einen Grabstein und schrieb: »Viatorinus, Leibgardist, 30 Dienstjahre, im Barbarenland bei Deutz von einem Franken getötet.« Der Stein steht heute im Römisch-Germanischen Museum.

Militärdienst im Kölner Gebiet war gefährlich geworden. Die ruhigen Zeiten — rund 200 Jahre herrschte fast immer Frieden am Rhein — waren schon lange vorbei. Auf die Truppen war kein Verlaß mehr. Viele Franken dienten inzwischen als römische Söldner. Die Militärlaufbahn war durchlässiger geworden, auch Fremde hatten Aufstiegschancen. Doch mit der Loyalität der fremden Söldner schien es nicht weit her zu sein. So standen Franken in römischen Uniformen plündernden Franken aus Nachbarstämmen gegenüber.

Den höchsten Militärposten in Köln bekleidet ebenfalls ein Franke. Silvanus, genannt »Marschall des Fußvolkes«, ist Kommandant. Er gilt als loyaler und fähiger Heerführer. Neid und Mißgunst bringen ihn aber um die Früchte seiner Karriere.

Unruhe liegt über der Stadt: die Kölner kaufen die letzten Vorräte und hasten nach Hause

Durch gefälschte Briefe wird er beim Kaiser, der sich in Trier aufhält, in Mißkredit gebracht. Es gelingt ihm nicht, die hinterhältigen Machenschaften aufzudecken, die Schuldigen zu entlarven. Nur eines glaubt er, könnte ihn retten, er müsse selbst Kaiser werden.

Kurz entschlossen bricht er seine Strafexpeditionen gegen die umherziehenden fränkischen Horden ab und reitet, was die Pferde hergeben, mit wenigen Hofgardisten und Offizieren auf das Tor an der Aachener Straße (Hahnenstraße/Apostelnstraße) zu. In der Schildergasse bekommt er schon einen ersten Eindruck von der Stimmung in der Stadt. Meuternde Soldaten haben sich zusammengerottet und schimpfen über ihre Armut. Sie jubeln Silvanus zu, weil sie erwarten, daß er den Marschbefehl nach Italien erläßt, um sich den Purpur umzulegen.

Ein gewisser Ursicinus, vom amtierenden Kaiser nach Köln geschickt, um den »Verräter« Silvanus kaltzustellen, kauft sich für sein Vorhaben mit Versprechungen einen Teil der Soldaten. Sie umstellen den Palast, schlagen die Wachen nieder, dringen in die Amtsräume des Statthalters (Praetorium) ein. Silvanus hört das Waffengeklirr auf den langen Gängen, flüchtet außer Atem in eine Nische — zu spät. Er ist entdeckt.

Zwei Mann stürmen mit gezückten Schwertern auf ihn ein. Er stürzt, reißt den Arm hoch, um die Hiebe abzuwehren, rafft sich hoch und hetzt auf einen christlichen Versammlungsraum zu (zum ersten Mal erwähnen die Geschichtsschreiber an dieser Stelle einen christlichen Betraum in Köln). Silvanus entgeht seinen Verfolgern nicht; tödlich getroffen stürzt er zu Boden.

Der Tod des tapferen Silvanus bringt Köln keine Ruhe. Die Nachrichten aus dem Umland werden immer erschreckender. Sogar der Gutshof des früheren Bürgermeisters und Oberpriesters Masclinius Maternus ist niedergebrannt worden.

83

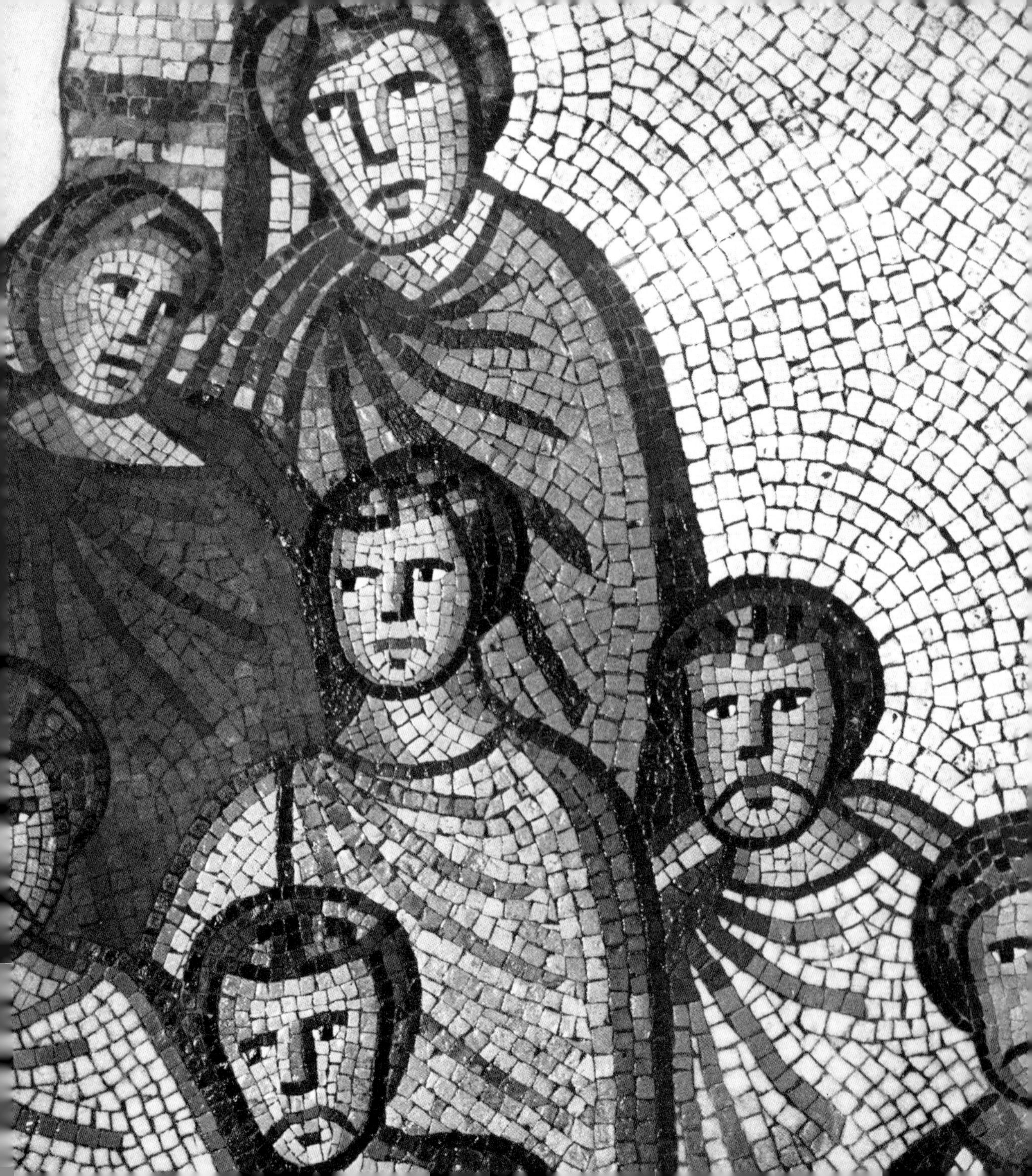

Angst und Schrecken spiegeln sich in ihren Gesichtern

Die Katastrophe

Der Statthalter richtet sich auf einen ungemütlichen Winter ein. Er verstärkt die Wachen an den neun Stadttoren. Vom rechtsrheinischen Kastell aus schickt er außerdem Arbeitstrupps in den Königsforst, um Holzvorrat zu schlagen. Mit Äxten, Hacken und Forken im Gepäck rückt der Trupp aus. Keiner von ihnen kommt zurück. Unterwegs werden sie von den fränkischen Soldaten überfallen und getötet. Wenige Stunden später steht ein Frankenheer vor den Toren Kölns.

Im November 1975, also 1576 Jahre danach, wurde bei der Suche nach Bomben aus dem Zweiten Weltkrieg an der Böschung des Flehbachs im Königsforst ein bedeutender Fund gemacht. In einer Grube fanden Arbeiter rund eineinhalb Zentner Handwerkszeug, eben jene oben erwähnten landwirtschaftlichen Geräte. Dazu einen Tonkrug mit 3500 Bronzemünzen dieser Zeit. Es handelte sich dabei wohl um die mitgeführte Truppenkasse.

Rund 500 Jahre (50 vor Chr. — 450 nach Chr.) bestimmte römische Herrschaft das Schicksal der Kölner Bürger. Es waren keine schlechten Jahre. Unter römischem Einfluß entwickelten sich Handel, Handwerk und Kunst. Die Ubier waren gute Römer geworden, die sich nach Erhebung zur Kolonie stolz den Namen Agrippinenser gaben. Die Soldaten, Beamten und Kaufleute übernahmen vieles. Sie lernten nicht nur die Annehmlichkeiten eines städtischen geordneten Lebens kennen, sondern auch die Vor- und Nachteile eines Staatswesens. Mit den Römern kamen die Verwaltung, das Geld, der Paragraph, die Hygiene, die Baukunst, Lesen und Schreiben, die Polizei, das Innungswesen, die Schulen, der ganze Apparat, der nötig ist, um ein Zusammenleben in großen Zentren zu ermöglichen. Doch als sich für die Römer der Untergang des Reiches ankündigte, verloschen auch in Köln allmählich die Öllämpchen.

Die Schreckensnachricht, daß die Franken einen Trupp im Königsforst überfallen und getötet hatten und daß sie im Anmarsch auf Köln waren, verbreitete sich schnell. Gerade noch rechtzeitig konnten die Stadttore geschlossen werden. Aber mancher, der noch in Müngersdorf oder Niehl war, um bei den Bauern Kappes, eine Ziege oder sonstige Vorräte in diesen unruhigen Zeiten zu hamstern, kam nicht mehr in die Stadt rein.

Der Kürschner Maternus stand denn wie etliche andere flehend vor den Toren. Selbst die Tränen seiner Frau Pulcheria (die Schöne), die Böses ahnend aus dem Haus und zur Stadtmauer gelaufen war, konnten die Wachtposten nicht erweichen. Maternus suchte in einer Glashütte an der St.-Apern-Straße Schutz. Später hörte man, daß ein Franke ihn dort aufgestöbert und mit einem Wurfspeer getötet hatte.

Der Statthalter hatte rigorose Sicherheitsvorschriften erlassen. Er hatte große Sorgen. Es waren kaum Soldaten in der Stadt. Nur ein paar Pioniere, die Leibwache des Statthalters und Wächter vor dem Praetorium waren in der Stadt anwesend. Sie reichten kaum zur Verteidigung. Durch Ausrufer wurden eilig alle waffenfähigen Männer zusammengeholt. Aber es fehlte an Rüstungen. Die Waffenfabriken in Gallien (Frankreich) hatten Lieferschwierigkeiten. Den Kölnern fehlten vor allem Helme und Pfeile.

Tertius, der Schmied, nahm einen alten Bronzekessel, schlug zwei Löcher rein, zog ein Lederband durch, polsterte ihn mit einem Hundefell und stülpte ihn auf den Kopf. Fürwahr, die hehren Verteidiger Kölns sahen abenteuerlich aus. Da war nichts mehr von Glanz und Gloria der römischen Legionen zu sehen.

Mit wild drohenden Gebärden zogen Gruppen und Grüppchen der Franken um die Stadtmauer. Gutshöfe und Villen vor den Toren der Stadt waren ihnen schutzlos ausgeliefert. Auch die schöne Villa des Im- und Exporthändlers Crassus auf dem Pantaleonshügel stand in Flammen. Bis tief in die Nacht sah man den Schein des Feuers.

Angst lag über der Stadt. Am Morgen waren auch die Wasserleitungen zerstört. Die Franken hatten die Wasserzufuhr gestoppt. Schlimme Nachrichten ängstigten die Bürger. Niemand wußte jedoch Genaues: Andernach sei gefallen, Bonn im Abwehrkampf, Zülpich verbrannt.

Ein Kurier berichtete dem Kaiser, der in Mailand weilte, über die Kriegslage am Rhein: »Colonia Agrippina ist nach heldenhafter Verteidigung in die Hände der Barbaren gefallen. Die Barbaren haben die Stadt hartnäckig belagert und dann mit starken Kräften den Widerstand gebrochen. Die Stadt war ein einziges Flammenmeer, weithin sichtbar. Mit verzweifeltem Mut haben die Männer dem Feind ins Auge geschaut. Die Frauen haben die Verwundeten getröstet, die Verletzungen gekühlt.« Das war im Dezember 355 nach Chr.

Köln war verloren. Zehn lange Monate blieb es in der Hand der Franken. Dann endlich schickte der Kaiser Hilfe. Julian, bald danach selbst römischer Kaiser, wurde zu Frühlingsanfang 356 nach Chr. zum Oberbefehlshaber über neue Truppen ernannt. Ihm gelang nach schweren Kämpfen die Wiedereroberung des Unteren Germaniens (es reichte von Bonn bis zur holländischen Küste). Als der Herbst ins Land ging, eroberte er auch Köln zurück.

Die Stadt bot einen traurigen Anblick. Viele Häuser waren zerstört, geplündert, verbrannt. Seuchengefahr drohte. Die Franken hatten gewütet. Selbst in den Brunnen der Stadt fand man Leichen.

Allmählich kamen geflüchtete Kölner aus der Eifel und dem Vorgebirge zurück in ihre Vaterstadt. Das große Aufräumen begann. Frauen und Männer machten sich daran, Steine von den zerstörten Häusern für neue Bauten zusammenzutragen. Der neue Statthalter entwarf ein Wiederaufbauprogramm. Die öffentliche Hand förderte gezielt staatliche Neubauten.

An der Stelle des Dionysoshauses entstand ein großes Getreidemagazin für die Getreidelieferungen aus Großbritannien. Wasserleitungen wurden wieder repariert. Zum vierten Male wurde das Praetorium neu gebaut, großzügiger und schöner als zuvor. Mut und Zuversicht kehrten zurück. Doch die Wunden heilten schwer. Jede Kölner Familie hatte Angehörige verloren.

Wiederaufbau

Wenn in der heutigen Zeit von den Schrecken des Krieges die Rede ist, wenn Bilder zerstörter Städte die Grauen eines Krieges deutlich machen, so ist das in der Antike auch ohne Bomben und Granaten nicht viel anders gewesen. Köln mußte schon in römischer Zeit mehrfach die Wirren und Schrecken kriegerischer Angriffe über sich ergehen lassen. Was sie hinterließen waren brennende Häuserzeilen, niedergerissene Stadtmauern und um ihre Männer und Söhne trauernde, verzweifelte, weinende Frauen. Dies galt, wie bereits erwähnt, vor allem für das Jahr 355 nach Chr., als erstmalig die Franken Köln eroberten.

Der Schriftsteller Ammianus Marcellinus berichtet darüber kurz, aber treffend: »Ein Bote aber meldete, (Colonia Agrippina) eine Stadt von bedeutendem Ansehen in Niedergermanien, sei von den Barbaren hartnäckig belagert, mit starken Kräften geöffnet und zerstört worden.«

Die erste Fuhre rollt wieder in die Stadt

Noch Jahre später erinnert manches zerstörte Haus, mancher verbrannte Straßenzug an dieses von dem Schriftsteller so knapp geschilderte Ereignis. Denn allzu rasch ist der Wiederaufbau nicht vorangetrieben worden. Die Franken hielten die Stadt ja immer noch in ihren Händen. Und die Kölner blickten recht unsicher in die Zukunft. Wie würde es weitergehen? Ob die Römer ihnen zu Hilfe kommen würden?

Die Nachrichten aus dem Umland, die die wenigen Händler, die überhaupt noch in die Stadt kommen, mitbringen, waren alles andere als ermutigend.

So berichtete gerade der Händler Olearius seinem Bruder Quintus, Besitzer einer kleinen Bäckerei in der Nähe des Westtores, von seinen Erlebnissen auf der Fahrt von Lyon über Mainz, Trier nach Köln.

Olearius sitzt mit Quintus, dessen Frau Marcia und dem Neffen Marcus in einem kleinen Zimmer neben dem Verkaufsraum. Die anderen Räume im hinteren Teil des Hauses sind seit dem Brand, den die Franken in diesem Stadtviertel gelegt hatten, noch nicht wieder hergerichtet. Olearius weiß zu berichten, daß die Barbaren im ganzen Grenzgebiet die Städte besetzt halten. So zum Beispiel auch bedeutende Orte wie Straßburg, Zabern, Speyer, Worms und Mainz. Die Bevölkerung habe sehr unter der Plünderung der Soldaten zu leiden. Am schlimmsten aber, so meint Olearius, sei die Tatsache, daß die vielen großen Gutshöfe vor den Toren der Städte auch zerstört worden seien. Die Ernten seien vernichtet und viele Leute vor dem Feind geflohen. Deshalb sei es für den Handelstrupp, dem er sich angeschlossen hatte, immer schwieriger geworden, Unterkunft und Verpflegung zu finden.

Bruder Quintus stöhnt auch und meint: »Du brauchst nur meine Mühlen anzuschauen. Es sind sowieso nur noch drei intakt. Und seit Tagen hab' ich nicht einmal Korn zum Mahlen.

Der Nachschub an Getreide ist ausgeblieben. Wie soll es bloß weitergehen? Bisher war zwar die Bevölkerung, zumindest hier in Köln, durch die Vorräte in den Lagerhäusern auf der Insel versorgt. Aber inzwischen beschlagnahmen die Franken schon immer größere Mengen für ihre eigene Versorgung. Verzweiflung und Not sind kaum noch abzuwenden. Du weißt, das Sprichwort sagt, Wenn der Bäcker nichts mehr zum Backen hat, steht der Hunger vor der Tür.«

Olearius, der durch seine Reise in den Süden besser informiert ist als sein Bruder in Köln, versucht die Verwandten zu beruhigen und meint, Kaiser Constantius werde sicherlich nichts unversucht lassen, um die Provinzen wieder von dem Feind zu räumen und so wenigstens die schlimmste Not zu mildern. »Man hört«, so erzählt Olearius weiter, »daß sich im Süden Galliens allmählich der gerade zum Caesar ernannte Julianus mit einem größeren Heer auf einem Kriegszug gegen die eingefallenen Feinde befindet.«

Plötzlich klopft es an das Fenster. Zwei Freunde des Quintus begehren Einlaß. Sie kommen gerade aus Bonn. Beide berichten, daß Julian tatsächlich auf dem Vormarsch nach Norden ist und daß man in gut unterrichteten Kreisen davon spricht, in den nächsten Tagen werde er bis nach Köln vordringen.

So wächst die Hoffnung unserer Freunde.

Woran zunächst keiner recht glauben wollte, geschieht dann doch schneller. Nach einigen Kämpfen mit den Alemannen und den Franken gelingt es Julianus nach Norden zu ziehen. Wenige Tage später verbreitet sich wie ein Lauffeuer die Nachricht durch die Stadt, daß ein römisches Heer im Anmarsch ist.

Die Unruhe in der Bevölkerung nimmt zu. Weiß man doch nicht, wie die Franken reagieren werden. Ob sie nicht vielleicht vor den Römern den

Rückzug antreten, aber erst noch die Stadt in Schutt und Asche legen. Quintus und seine Familie bereiten sich ebenso wie viele andere Einwohner auf eine solche Gefahr vor. Sie packen die wichtigsten Habseligkeiten zusammen und verstecken sie an einem sicheren Ort im Keller. Sollten sie fliehen müssen, hätten sie alles gleich zur Hand.

Noch am selben Tag treffen sich Quintus, sein Bruder und dessen Sohn Marcus im Haus des ehemaligen Stadtschreibers Rufus mit einer Reihe von Freunden. Sie beraten, was zu tun ist, wenn Julianus wirklich angreift, um die in der Stadt sitzenden Franken zu besiegen? Allen ist klar, daß ein solcher Angriff nicht nur die Rettung bedeuten kann, sondern auch große Gefahr. Nach langen Überlegungen einigen sich die Männer darauf, zunächst eine Verbindung zu Julianus und seinem Heer zu suchen, um ihm die Situation in der Stadt zu schildern. Gleichzeitig beschließen sie, sich zunächst weiter ruhig zu verhalten, um nicht den Argwohn der Franken zu wecken. Dieses Stillhalteabkommen wurde schnell durch Flüsterpropaganda weitergegeben. Wenige Tage später war es dann so weit. Von Haus zu Haus lief die Nachricht, daß Julianus vor Köln stehe.

Über dieses Ereignis berichtet wieder unser Schriftsteller Ammianus Marcellinus:

»Als er danach auf keinen Widerstand mehr stieß, beschloß er, weiter zu marschieren und Köln (Agrippina) wiederzuerobern, das vor seiner Ankunft in Gallien zerstört worden war. In diesen Landstrichen ist keine Stadt, kein Kastell zu sehen. Nur bei Koblenz (Confluentes), einem Ort, der so genannt ist, weil dort die Mosel in den Rhein fließt, befindet sich die Stadt Remagen (Rigomagus), und dann ist nahe bei Köln (Colonia) selbst ein einzelner Turm. Als er dann in Köln (Agrippina) eingezogen war, brach er nicht eher wieder auf, als bis er die Frankenkönige, deren Kampfeswut sich gelegt, eingeschüchtert, so den Frieden fürs erste dem Reiche gesichert

Säulenproduktion für das Praetorium

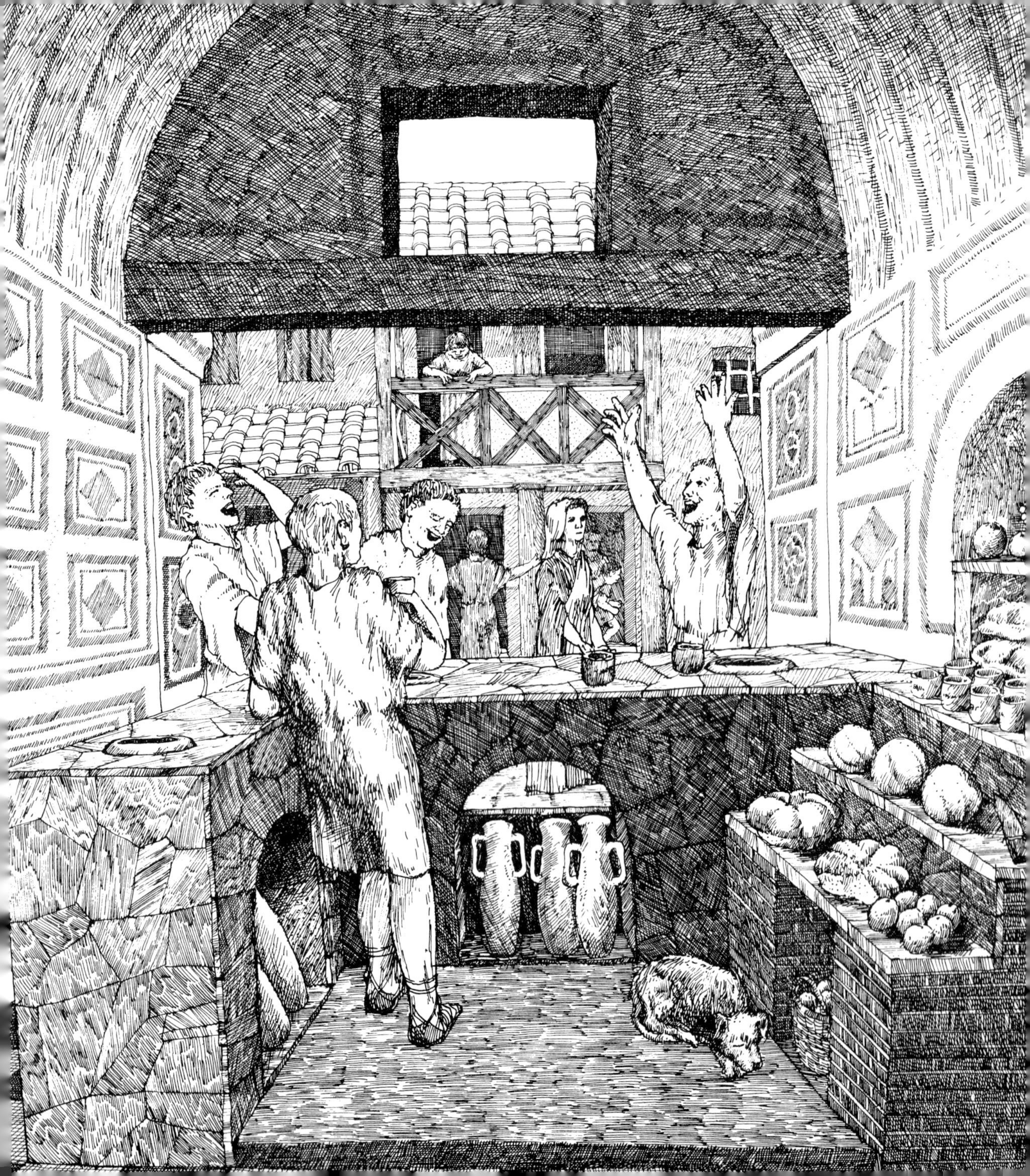

Die Kneipe an der Ecke hat wieder geöffnet
und die stark befestigte Stadt wieder ganz in der Hand hatte.«

So war Köln von den Feinden wieder befreit. Mit großer Begeisterung machten sich die Bürger auf, um die Spuren des Krieges und der Besetzung zu beseitigen. Große Wagen, beladen mit Baumaterialien, fuhren wieder durch die Straßen. Handwerkerkolonnen zogen aus, um die Schäden auszubessern. Manches Gebäude mußte unter Tränen der Besitzer geräumt und niedergerissen werden, weil sich der Aufbau nicht mehr lohnte. Die Schrecken des Krieges trugen zu allen Zeiten die gleichen Züge.

An einem Sommermorgen im Jahre 357 nach Chr., einige Zeit also nach der Befreiung, zeigt sich den Besuchern der Stadt ein Bild emsiger Geschäftigkeit. Unser Bäcker Quintus steht mit seinem Bruder vor der Tür seines Ladens. Beide betrachten mit Interesse die Arbeiten der Bauhandwerker an dem Gebäude auf der gegenüberliegenden Seite. Und Quintus meint gerade zu seinem Bruder: »Du siehst, allmählich zeigen die Wiederaufbaumaßnahmen des Julianus deutlichen Erfolg. Hier in unserer Straße zum Beispiel ist dies das letzte Haus, das bisher noch nicht in Ordnung gebracht war. Wie du sicher bemerkt hast, ist man auch eifrig dabei, die Regia (Praetorium), in deren Haupttrakt Julianus zur Zeit wohnt, zu renovieren. Den Göttern sei Dank, daß wenigstens die Stadtmauer einigermaßen standgehalten und uns wieder Schutz bietet — doch was ist das? Da kommt Marcus die Straße heraufgelaufen. Hoffentlich bringt er keine schlechten Nachrichten.«

Marcus ist wirklich sehr aufgeregt. Doch er bringt keine schlechten, sondern gute Nachrichten. Im Hafen sind gerade Beamte und Soldaten des Kaisers angekommen und sie verkünden, daß die ersten Schiffe voll beladen mit Weizen aus Britannien in wenigen Stunden eintreffen werden.

Quintus und viele andere Kölner Bürger lassen alles stehen und liegen und eilen zum Hafen. Und richtig, die ersten Schiffe laufen ein. Die drohende Hungersnot ist abgewendet. Den Göttern sei Dank.

Es dauert nicht lange und alle Bäcker der Stadt drängeln sich am Kai und lauschen den Anweisungen des Hafenkommandanten. Er sagt, wie das Korn an die Bäcker zu verteilen ist. Denn so groß ist die Ladung nicht, daß jeder bekommen kann, was er möchte.

Noch in derselben Nacht werden die Nachbarn des Quintus von lauten Stimmen, Pferdehufen und kreischenden Geräuschen wach. Aber niemand beschwert sich über diese Ruhestörung. Man erkennt sehr schnell, daß dies die großen Mühlen des Bäckers Quintus sind, die zum erstenmal seit Monaten wieder arbeiten, um Getreide zu mahlen. Zufrieden und mit der Vorfreude, am Morgen endlich wieder frische Brotfladen bei Quintus zum Frühstück holen zu können, legen sich die Nachbarn schlafen.

Gladiatoren – Lieblinge der Damen

Auch die alten Römer haben schon den Jahreswechsel gefeiert. Und diese Sitte setzte sich schnell in den Provinzen durch. Die Agrippinenser ließen sich sowieso keinen Festtag entgehen. Neujahr wurden Geschenke, Schmuckdosen, Spielwürfel, Medaillen oder Öllämpchen mit der Aufschrift verschenkt: »Annum novum faustum felicem« — Gutes, glückliches neues Jahr.

In allem war Rom das große Vorbild. Auch für öffentliche Vergnügungen. So veranstalteten die Kölner prunkvolle Gladiatorenkämpfe und Wagenrennen, die drei oder vier Tage dauerten. Die Kinder hatten schulfrei, die meisten Geschäfte waren geschlossen, und die Familien zogen mit Proviant und Sitzkissen ins Amphitheater.

Wein wurde nach römischer Sitte mit Wasser gemischt, manchmal mit warmem Wasser (Römischer Punsch) oder mit Gewürzen (Vorläufer der Bowle). Die Kenner verlangten jedoch: »Gib mir von dem Ungemischten.«

Bei Festen wie am Jahreswechsel flossen der Wein und das Bier (Cervesia, in Köln gebraut, also eine Art Kölsch) in Strömen. Als Julian, der spätere römische Kaiser, bei einem Besuch in Köln diesen Trunk serviert bekam, verglich er ihn mit dem Moselwein: »Jener duftet nach

Kölner Bierbecher, Kölner Bierkanne (unten)

Rechts: Aquilo, Star des Amphitheaters, stürzt auf den Gegner zu

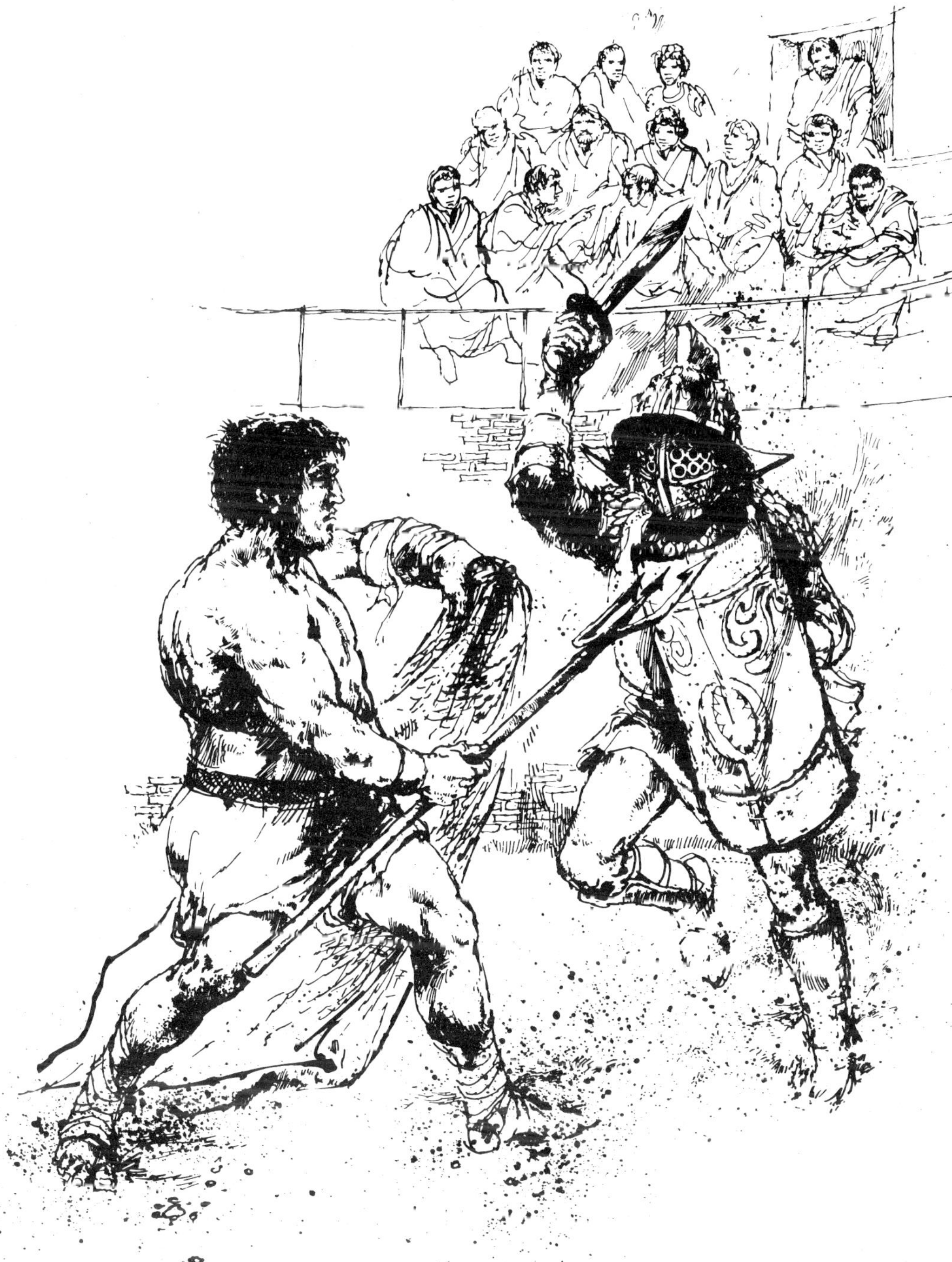

Nektar, nach Geißbock riechst du, da die Kelten, denen es an Trauben gebricht, dich erzeugten aus Korn.«

Wohlhabende Agrippinenser blieben meist unter sich und veranstalteten große Eßgelage. Das einfache Volk jedoch tummelte sich in den Kneipen am Hafen, heute die Gegend vom Heumarkt.

Die Freunde Germanicus, Rerus und Colonius gingen am liebsten zum Wirt Petronius. Dort trieb sich zwar allerhand Volk umher und man brachte immer ein paar Flöhe und Wanzen mit nach Hause, aber das Kölsch schmeckte dort am besten. Und die vielen Amphoren, die in der Ecke lagerten, wirkten beruhigend. In ihnen wurden sowohl Wein wie Bier, aber auch Lebensmittel aufbewahrt. Der Wirt sorgte stets für ausreichenden flüssigen Vorrat.

»Ave Copo« — Tag, Herr Wirt. Die drei Freunde suchen sich auf den Steinbänken einen freien Platz. Der schummrige Raum ist ganz vom Duft der Küche erfüllt. Töpfe dampfen, Schüsseln klappern, auf Näpfen werden rote Würste serviert.

Die Bedienung in solchen Kneipen war weiblich, besonders hübsch und entgegenkommend. Wirtshäuser waren sehr oft auch Orte käuflicher Gunst, die Wirte Kuppler. Obwohl es Gesetze gab, die Kuppelei verboten, hielt sich keiner daran. Straffrei, falls sie erwischt wurde, ging nur die Wirtin aus. Denn im Jahr 326 nach Chr. erließ Kaiser Konstantin ein Gesetz, das die Prostitution den Kellnerinnen einer Taverne verbot, die Wirtin jedoch von diesen Bestimmungen ausschloß.

»Sitimus«, wir haben Durst, rufen die Freunde und lassen sich einen Becher Wein servieren. »Laute« — köstlich, ein Lob für den Wirt.

»Reple« — noch eins, rufen sie der Kellnerin zu mit dem Hinweis »Parce aquam« — spare Wasser. Dazwischen lassen sie Speisen auffahren: Muscheln aus Holland, Fische aus dem Rhein, geräucherte Aale aus der Mosel. Ein Spender läßt mächtige Humpen kreisen. »Accipe sitiens et trade sodali« — Nimm ihn mit gutem Durst und gib ihn deinem Nebenmann weiter.

Die Kölner wußten schon damals gut zu feiern. Das hatten sie besonders schnell von den Römern gelernt. »Panem et circenses« — Brot und Spiele wie in Rom gab es in Köln jedoch nicht. Es gab zwar Spiele, aber keine Speisung der Armen. In Köln lebten vor allem Soldaten, Handwerker, Händler — es gab kein so verarmtes Proletariat wie in Rom. Hier wurden die Spiele nicht als Droge fürs Volk inszeniert, sondern als reines Vergnügen.

Die Archäologen des Römisch-Germanischen Museums haben zwar bisher keine sichtbaren Spuren eines Amphitheaters bei ihren Ausgrabungen in Köln gefunden, aber da schon jede kleinere Provinzstadt eine solche Arena gehabt hat, muß auch in Köln eines gewesen sein.

Hauptattraktion der Spiele waren Gladiatorenkämpfe und Tierhetzen, Kämpfe der Tiere unter sich, Bären gegen Stiere oder gegen Hirsche, Haustiere gegen wilde Tiere, Stiere gegen Wölfe. Oft wurden die Tiere aneinander gefesselt. Außerdem gab es den Kampf Mensch gegen Tier. Eine Mutprobe der Gladiatoren.

Die Gladiatoren waren Sklaven, die in besonderen Schulen gedrillt wurden und als Sensationsdarsteller hohe Gagen kassierten.

Im provinziellen Köln ging es bei den Spielen nicht so barbarisch zu wie etwa in Rom. Dort

Vorsicht, gleich bricht der Arm...

95

Programmvorschau für den nächsten Großkampftag in der Arena

entschied der Veranstalter über Leben und Tod. Den Zurufen des Publikums entsprechend senkte er den Daumen, das hieß, der Sieger konnte den Unterlegenen töten, oder er hob den Daumen, dann durfte der Besiegte am Leben bleiben.

So blutrünstig waren die Kölner nicht. Hier war es das persönliche Risiko des Gladiators, ob er siegte oder unterlag.

Ruhm und Verehrung genoß in Köln vor allem der Gladiator Aquilo, ein Freigelassener. Er war die Attraktion großer Spiele, der Liebling der Frauen. Über seine ölglänzenden Muskeln erzählte man sich tolle Sachen in der Stadt. Seine weiblichen Fans schrien hysterisch, wenn er aus dem Dunkel der Gänge in die Arena trat, Kußhändchen warf und sich umjubeln ließ.

An seine Fäuste hatte er Eisenstücke gebunden, die Haare kurz geschoren. Drohend trat er auf seinen Gegner zu, einen blonden Gallier. Auch diesmal blieb Aquilo Sieger, und ein Geschichtsschreiber der Antike könnte über ihn berichten haben wie über einen ähnlich berühmten Kämpfer in Rom: »Aquilo ist der Gebieter der Mädchen. Er ist die späte Medizin der Nachtpüppchen und der Morgenpüppchen und der anderen. Er bringt die Mädchen zum Seufzen, er ist ihr Liebling.«

Ebenso populär wie die Gladiatorenkämpfe waren die Wagenrennen im Circus. Auch hier wurden die erfolgreichsten Fahrer wie Helden gefeiert. Sie kamen schneller zu Geld als sieben gewiefte Advokaten, hieß es. Die Kaiser mußten verbieten, daß die Statuen der vergötterten Lieblinge neben ihre eigenen placiert wurden.

Bei Sonne und Regen saßen die Kölner Pferdekenner schon bei den Proberennen dabei und schlossen Wetten auf die Favoriten ab. Die Kondition der Pferde glaubte man sogar durch Untersuchungen ihres Mistes ergründen zu können.

Die Herrin muß putzen gehen

Viele neue Bürger siedelten sich in Köln an. Der Aufbauwille konnte aber nicht darüber hinwegtäuschen, daß Köln nicht mehr das gepflegte Aussehen der Vorkriegszeit erreichte. Nur wenige Hausbesitzer konnten sich noch eine Heizung leisten, der Bau eines Kellers war zum Luxus geworden. Kunsthandwerk und Handel sollten sich nie mehr richtig erholen. Köln mußte mit der permanenten Rezession fertig werden. Probleme, die vorher fast undenkbar waren, zeigten sich nun: so die Arbeitslosigkeit. Die Landwirte klagten. Der blühende Viehbestand war dezimiert worden, und es fehlte an Investitionskapital.

Doch wurde gerade in jenen Jahren der Knappheit ein großartiger Grabbau errichtet, der zu den schönsten Entwürfen römischer Architektur im ganzen Reich zählt. Auf dem kaiserlichen Friedhof im Nordwesten Kölns entstand die heutige Gereons-Kirche. Der Bischof von Köln baute auch. In Nachbarschaft eines heidnischen Tempels und des Dionysoshauses errichtete er seine erste kleine Gemeindekirche an der Stelle des späteren Doms.

Kaum zwei Generationen später kündigte sich das endgültige Ende der römischen Herrschaft an. Hiobsbotschaften aus verschiedenen Provinzen verbreiteten sich auch in Köln. Der Feind rückte immer näher. Auf dem Land hatten sich die Franken schon seit langem angesiedelt. Selbst das Mutterland Italien stand schon unter dem Druck germanischer Stämme. Die Bürger in Köln wußten nicht, daß längst eine neue Zeit angebrochen war, die Zeit der Völkerwanderung. Das Leben wurde unsicher. Der Postdienst kam oft nicht mehr durch. Man hörte von Überfällen, Landraub, Viehdiebstählen, Mord und Totschlag. Doch nur wenige begriffen das schlimme Vorzeichen des nahen Endes: Der römische Kaiser verfügte, daß die Grenztruppen am Rhein aus Xanten, Neuss und Bonn für den Schutz Italiens abberufen wurden. Dies bedeutete die Preisgabe des Rheinlandes, Rom zog sich bis zu den Alpen zurück.

Der alte Veteran Maximus, der die Tricks römischer Militärpolitik lange genug am eigenen Leib erfahren hatte, sah die Zukunft seiner Enkel düster. Er dachte, »es wird Nacht, Agrippina«.

Um die Mitte des fünften Jahrhunderts regiert Faustrecht in der schutzlosen Stadt. Immer mehr Franken lassen sich in Colonia nieder, drängen die römischen Besitzer aus ihren Häusern. Für die alteingesessenen Kölner wird das Leben zur

Qual. Viele Handwerker können nicht mehr in ihren Berufen arbeiten, weil es an Kupfer, Eisen, Tonerde fehlt. Die öffentliche Ordnung bricht zusammen. Kinder sehen das Leid ihrer Eltern. In manchen Wintern gibt es nicht genug zu essen. Hunger bricht aus. Geld ist knapp geworden, da es nichts mehr zum Handeln gibt. Der Schwarzmarkt blüht. Die Franken sind die neuen Herren.

Zahllose persönliche Tragödien spielen sich in der Stadt ab. Salvian, ein christlicher Kirchenlehrer in Marseille, berichtet: »Man kann nicht mehr vor lauter Armseligkeit und Elend dieser Zeit.« Und er schreibt von einer ihm bekannten, keuschen und ehrbaren Witwe Severina, einer echten Römerin. Sie ist in äußerste Armut geraten. Sie hat kein Geld zum Wohnen, zum Essen, kein Geld, um zu fliehen. Ihr bleibt nur ein Ausweg: Sie muß sich als Putzfrau verdingen. Sie, die stolze Römerin, unterwirft sich den Hausfrauen der Barbaren als Dienstmagd. Es war das Ende der römischen Stadt.

Es ist alles so maßlos traurig: Buch und Geschichte sind zu Ende

Inhalt

Vorwort	5
Die Kölner in der Römerzeit	7
Im Lager gehen die Öllämpchen an	11
Mit der Kaiserin ins Freudenhaus	16
Der Luxus mit dem Eifelwasser	20
Im Nachthemd zum Kaiser ausgerufen	28
Kölner List — Kölner Rettung	30
Der Gestank, der aus dem Duffesbach kam	32
Böses Erwachen in der Hochzeitsnacht	38
Rezepte	42
Heiratsmarkt und Scheidungsgrund	44
Es gab Lehrer — aber keine Schulen	49
Zum Schwatz in die Latrinen	52
Liebe und Mord in der Breite Straße	56
Geldfälscher	59
Tanz auf dem Vulkan	65
Grabsteine für den Brückenbau	73
Götter in Köln	77
Horden machen Straßen unsicher	81
Die Katastrophe	85
Wiederaufbau	87
Gladiatoren — Lieblinge der Damen	92
Die Herrin muß putzen gehen	97

Die Rezepte auf den Seiten 42 und 43 gehen zurück auf das Kochbuch des Apicius; Übersetzungen von Prof. Dr. Elisabeth Alföldi-Rosenbaum sind unter dem Titel »Das Kochbuch der Römer« 1970 im Artemis Verlag Zürich und München erschienen.

Folgende Institutionen, Personen und Verlage lieferten die Bildvorlagen:

Rheinisches Bildarchiv: S. 12, 13, 14/15, 34, 36, 37, 39, 42, 43, 48, 49, 57, 60, 61, 63, 65, 66, 69, 71, 73, 92, 95. — Römisch-Germanisches Museum, Köln: Einband/Vorderseite, S. 16, 17, 19, 31, 53, 99. — Rheinisches Landesmuseum Bonn: S. 21, 22/23, 24/25, Einband/Rückseite. — Rheinisches Landesmuseum Trier: S. 50/51, 59, 74/75, 87. — Saalburgmuseum Bad Homburg v. d. H.: S. 33. — Museum Kam, Nijmegen: S. 52.

Dr. Philipp Filtzinger: S. 28. — Heinz Held: S. 32, 77, 79. — Dr. Josef Röder: S. 21. — Hildegard Weber: S. 84. — Archiv: S. 7, 40, 96/97.

A & C Black Ltd., London, aus »Living in Pompeii«, von RJ Unstead/Laszlo Acs (Ill.): S. 27, 44, 56, 82, 93. — Artemis Verlag Zürich und München, aus »Eine Stadt wie Rom« von David Macaulay: S. 9, 46, 54, 90. — Society for the Promotion of Roman Studies, London, aus »Britannia« Vol. VII/1976, Beitrag »Tools and Techniques of the Roman Stonemason in Britain« von T. F. C. Blagg: S. 89. — Felix Gluck Press Limited, Twickenham, aus »The last Days of Pompeii« von Lord Lytton/Harold T. King (Ill.): S. 26.